성경적 기독교 정론

성경적 기독교 정론
제1권

초판발행일 | 2020년 9월 9일

지 은 이 | 임영옥
펴 낸 이 | 배수현
디 자 인 | 박수정
제   작 | 송재호
홍   보 | 배보배

펴 낸 곳 | 가나북스 www.gnbooks.co.kr
출 판 등 록 | 제393-2009-000012호
전   화 | 031) 408-8811(代)
팩   스 | 031) 501-8811

ISBN 979-11-6446-026-7(94230)
          979-11-6446-025-0(세트)

성경적 기독교 정론

林 永 沃

I
제I권

[150강좌 중 1강~10강 수록]

신학(神學, Theology)이라고 하는 학문(學問)은 모든 학문의 어머니인 동시에 이성(理性, Reason)을 가진 인간들의 정신적(精神的, Spirit)이고 사상적(思想的, Thought)인 중심이다. 그 이유는 신학(神學)이 란 하나님에 관한 학문(學問)으로서 하나님의 말씀인 성경의 진리(眞理)를 뿌리(Root)로 하고 있기 때문이다.

그러므로 바른 신학(神學)을 하기 위해서는 먼저 성경적 신앙(聖經的信仰, Biblical Faith)에 서 있어야 하는 것이 전제(前提)요 철칙(徹側)이다. 이것을 바른 성경관(聖經觀, Biblical View)이라고 말할 것이다.

신학(神學)을 하는 사람의 성경관은 곧 그 사람의 믿음으로 나타나고 그 믿음을 전제로 모든 신학적인 사상(思想)이 형성되고 그 사상에 따라서 성역(聖役)의 형식이 나타나게 된다.

예수께서 말씀하시기를 "인자(人子)가 올 때에 세상(世上)에서 믿음을 보겠느냐?" (When the Son of Man comes, will He really find faith on the earth?)라고 매우 비관적(悲觀的)이고 부정적(否定的)인 말씀을 하셨다. (눅18:8)

이는 분명히 우리가 보는 관점(觀點)과 예수께서 보시는 관점(觀點)이라는 단순한 견해(見解)의 차이(差異)가 아니라 근본적인 차이(差異)라고 해야 할 것이다. 다시 말하면 하나님께서 보시는 관점과 사람이 보는 관점의 차이로서 절대적(絶對的)인 차이(差異)를 이르시는 말씀이다.

기독교 운동의 요체(要諦)는 "하나님의 뜻을 이루어 드림이다"라고 하는 분명한 목적의식(目的意識)을 가져야 한다.

6

"뜻이 하늘에서 이루어 진 것 같이 땅에서도 이루어 지이다"(Your will be done on earth as it is in heaven. 마6:10)

우리는 끝까지 우리가 하는 일을 통하여 하나님의 뜻이 이루어지기까지 순종(順從)과 충성(忠誠)을 바쳐서 하나님의 일을 해내야 할 것이다.

이러한 자기의 성역목표와 형식의 내용이 바로 서 있으면, 예수님 이후 사도들의 사역시대로부터 시작하여 오늘에 이르기까지 역사적(歷史的)인 사건을 통하여 시시비비(是是非非)를 가려서 가장 성경적인 하나님의 일을 하기 위해서 죽도록 충성을 다해야 한다.

🖉 🖉 🖉

연약한 필자로서 만 50년 이상을 여러 신학교(神學校)를 거치면서 조직신학(組織神學, Systematic Theology)과 역사신학(歷史神學, Historical Theology)을 주로 강의 했다.

그러나 하나님 앞에서 단 한 번도 내가 하는 것에 대한 만족(滿足)을 느껴보지 못했다. 한 가지 분명한 것은 하나님의 일을 하려고 나름대로의 노력(勞力)을 했다는 것은 하나님께서 알고 계실 것이다.

이 책을 쓰는 데는 나름대로 힘을 다해 썼다. 사람의 나이 백살이 다가오는 노구(老軀)에 눈이 어둡고 머리가 아둔하여 어떤 때는 주먹으로 자기의 머리통을 때리기도 하고 가슴을 쥐어 짜기도 했다. 교정(校正)을 보아주는 사람들에게 고맙고 미안한 마음을 수 없이 가지기도 했다. 그것은 내가 보아도 잘못이 너무 많이 있었기 때문이었다.

그저 한 가지 하나님께 감사(感謝)할 것은 내게 있는 미국(美國)의 시민권(市民權)도 반납(返納)해

7

버리고, 나의 조국(祖國)인 대한민국(大韓民國)의 국민(國民)으로 다시 귀화(歸化)하여 서울에서 살지 않고 아침, 저녁으로 철조망(鐵條網) 가에서 들려오는 북한군(北韓軍)의 방송(放送) 소리(지금은 아니지만)와, 철조망(鐵條網)을 넘나드는 새 소리들 속에 묻혀서 이 글을 썼다는 점이다. 혼자서 웃다가 울기를 몇 번이나 했는지는 살아계신 하나님께서 알고 계실 것이다.

🌿 🌿 🌿

나의 무식(無識)이나 부족(不足)함에 대해서는 구태어 변명(辨明)을 하지 않겠다. 그러나 진실하고 간절한 마음만은 자부한다. 그리고 현대 교회가 이래서는 안 되겠다는 생각에 성경적인 바른 진리의 정론(正論)을 제시해 주고 싶은 마음에서 내가 할 수 있는 대로 150강좌를 정리(整理)했다.

여기에는 조직신학(組織神學)을 비롯하여 기독교윤리학(基督敎倫理學), 기독교변증학(基督敎辨證學), 교회사(敎會史), 성서신학(聖書神學), 교리학(敎理學), 목회학(牧會學), 청교도사상(淸敎徒思想) 등을 모아서 간추려 정리(整理)해 보았다.

🌿 🌿 🌿

물론 내가 만 50년 이상을 신학교(神學校)에 몸을 담고 교수생활(敎授生活)을 하면서 준비했던 교안(敎案)의 원고들은 거의 반(半)도 챙기지 못했다. 그러나 어떻게 하든지 하나님의 교회가 다시 성경의 진리(眞理)대로 다시 깨어나기를 바라는 간절한 마음을 담아서 썼다는 말로 자기의 변명(辨明)을 하겠다.

이 못난 사람을 위해서 기도해 주시고 물심양면으로 지원(支援)해 주신 모든 분들에게 고마운 마음을 하나님께서 보답(報答)해 주시기를 빌 뿐이다. 그들을 위해서 진심으로 하나님께 기도한다. 그러면서도 한 가지 바라는 마음이 있다면, 전 세계의 교회와 하나님의 성도(聖徒)들이

8

성경(聖經)의 진리(眞理) 위에서서 자기의 믿음을 지키고 하나님이 보시기에 심히 좋은 사람들이 되어 지기를 간절히 기도하는 마음이다.

✎ ✎ ✎

분명히 세계는 종말기적인 특징을 나타내고 있다. '이래서는 안 되겠다'라고 하는 마음을 겨 버릴 수 없다. 그럴수록 더욱더 마음의 긴장과 조급함을 참을 수 없다. 아무리 과학만능(科學萬能)을 자랑하고 경제력(經濟力)을 자랑할지라도 날로 늘어나는 죄악성(罪惡性)은 끝이 안 보인다.

'속임수'를 지혜(智慧)로 생각하는 사회(社會)라면 무엇을 기대할 것인가? 끝으로 바라기는 이 책을 통해서 단 한 사람이라도 하나님 앞에 바로 설 수 있다면 그것으로 감사(感謝)하고 남은 것은 하나님께 맡기겠다.

부족한 이 종을 통해 주님이 쓰게 하신 이 책(冊)을 소중하게 간직하여 하나님의 영광(榮光)을 드러내기 위해서 힘써 주시기를 바라며
독자들에게 주 안에서 평강의 은총(恩寵)이 넘치시기를 간절히 축복한다!

"오직 너는 마음을 강하게 하고 극히 담대히 하여 나의 종 모세가 네게 명한 율법(律法)을 다 지켜 행하고 좌(左)로나 우(右)로나 치우치지 말라 그리하면 어디로 가든지 형통하리니 이 율법책(律法冊)을 네 입에서 떠나지 말게 하며 주야(晝夜)로 그것을 묵상(黙想)하여 그 가운데 기록한 대로 다 지켜 행하라 그리하면 네 길이 평탄(平坦)하게 될 것이라 네가 형통(亨通)하리라 내가 네게 명한 것이 아니냐? 마음을 강하게 하고 담대히 하라 두려워 말며 놀라지 말라 네가 어디로 가든지 네 하나님 여호와가 너와 함께 하느니라 하시니라"(수1:7~9)

임 영 옥(林永沃)
목사, 신학박사(교수) 드림   9

CONTENTS

CONTENTS

CONTENTS

CONTENTS

제01강좌

총론
(總論)

제1강좌

조직신학(組織神學)의 총론(總論)

Introduction of Systematic Theology

현대를 살아가는 사람들에게 있어서 많은 시간(時間)을 바쳐서 신학(神學)을 한다는 것은 매우 큰 모험(冒險)이라고 할 것이다. 그러나 신학(神學)을 하기 위해서는 먼저 하나님께로부터 부르심을 받은 소명(召命, Calling)이 전제(前提)가 된다.

하나님의 부르심은 아무에게나 주어진 것이 아니고, 내가 스스로 택(擇)한 길도 아니다. 전적으로 하나님의 주권적(主權的)인 의지(意志)의 결단에 의해서 피동적(被動的)으로 되어진 사명이요, 하나님의 사랑과 은혜(恩惠)로 나를 불러서 쓰시겠다고 선택(選擇)하여 세운 거룩한 직무(職務)의 길이다.

이러한 하나님의 부르심과 맡겨주신 사명을 받는 마음가짐과 태도(態度)는 하나님께 대한 믿음과 감사(感謝)한 마음으로 나의 최선(最善)을 다하는 것 밖에 없다.

✐ ✐ ✐

① 신학적(神學的)인 토대(土臺)
The Theological Foundation

하나님의 일을 하기 위해서 목회자(牧會者)로 부르심과 택(擇)하여 세우심을 받은 하나님의 종들은 먼저 하나님의 말씀인 성경의 진리 위에 바로 서야 하겠으므로 먼저 성경말씀 그대로를 소개하려고 한다.

18

현대를 살면서 하나님의 일을 하겠다고 하는 사람들이 너무도 성경과 멀리 있다면 이는 하나님 앞에서 죄(罪)가 될 것이라는 것을 알고 두렵고 떨리는 마음으로 하나님의 일에 임해야 한다.

"악한 사람들과 속이는 자들은 더욱 악하여져서 속이기도 하고 속기도 하나니 그러나 너는 배우고 확신(確信)한 일에 거하라 네가 뉘게서 배운 것을 알며 또 네가 어려서부터 성경을 알았나니 성경은 능히 너로 하여금 그리스도 예수 안에 있는 믿음으로 말미암아 구원에 이르는 지혜(智慧)가 있게 하느니라 모든 성경은 하나님의 감동(感動)으로 된 것으로 교훈(教訓)과 책망(責望)과 바르게 함과 의(義)로 교육(教育)하기에 유익하니 이는 하나님의 사람으로 온전케 하려 함이니라"(딤후3:13-17)

"너희중 장로(長老)들에게 권하노니 너는 함께 장로 된 자요 그리스도의 고난(苦難)의 증인(證人)이요 나타날 영광(榮光)에 참여할 자로라 너희 중에 있는 하나님의 양(羊) 무리를 치되 부득이 함으로 하지 말고 오직 하나님의 뜻을 좇아 자원(自願)함으로하며 더러운 이(利)를 위하여 하지 말고 오직 즐거운 뜻으로 하며 맡기운 자들에게 주장하는 자세를 하지 말고 오직 양(羊)무리의 본(本)이 되라 그리하면 목자장(牧者長)이 나타나실 때에 시들지 아니하는 영광의 면류관(冕旒冠)을 얻으리라"(벧전5:1-4)

"네가 장차 받을 고난(苦難)을 두려워 말라 볼지어다 마귀가 장차 너희 가운데서 몇 사람을 옥(獄)에 던져 시험(試驗)을 받게 하리니 너희가 십일동안 환난(患難)을 받으리라 네가 죽도록 충성(忠誠)하라 그리하면 내가 생명의 면류관(冕旒冠)을 네게 주리라 귀 있는 자는 성령이 교회들에게 하시는 말씀을 들을지어다 이기는 자는 둘째 사망의 해(害)를 받지 아니하리라"(계2:10-11)

1) 신학인(神學人)의 준비(準備)

하나님의 일을 하고, 바른 신학인(神學人, Theologian)이 된다는 것은 나의 선택(選擇)에 의해서 되어지는 것이 아니라, 전적으로 하나님의 부르심에 의한 소명(召命, Calling)에 의해서 되어지는 것으로서 그렇게 쉬운 일이 아니다.

그리고 하나님께로부터 한번 부르심을 받은 사람은 물러서거나 피해 갈 수 없는 절대적인 사명의 길이므로 자기의 목숨까지 내어던지지 않으면 해낼 수 없는 절대적(絶對的)인 사명의 길인 것이다.

그러므로 내가 이 길을 가기 위해서는 내가 할 수 있는 최선(最善, Best, highest good) 그 이외의

19

다른 말은 있을 수 없다.

2) 하나님께서 주신 영적권능(靈的權能)

하나님께서는 사랑하는 그의 종들에게 반드시 영적(靈的인 권능(權能)을 무기(武器)로 들려주신다. 우리는 예수께서 그의 사랑하는 12제자를 내어 보내실 때에 하셨던 말씀을 다시 한 번 자세히 상고(詳考)해 보는 것이 좋을 것이다.

> **"예수께서 그 열두 제자를 부르사 더러운 귀신(鬼神)을 쫓아내며 모든 병(病)과 모든 악(惡)한 것을 고치는 권능(權能, Power)을 주시니라"**(마10:1)

우리는 이를 영성(靈性, Spirituality)이라고 한다. 이는 하나님께서 그의 부르신 종들에게 들려주신 절대적(絶對的)인 무기(武器)요 필수적(必須的)인 요건(要件)이라고 할 것이다.

하나님께서는 그의 종들에게 이 권능(權能) 외에 다른 것을 주신 일이 없다. 여기에서 우리는 예수께서 그의 제자들에게 하셨던 말씀을 다시 한번 생각해 보아야 할 것이다.

> **"여행(旅行)을 위하여 주머니나 두 벌 옷이나 신이나 지팡이를가지지 말라 이는 일군이 저 먹을 것 받는 것이 마땅하니라"**(마10:10)

3) 세상이 감당하지 못할 사람

하나님의 일을 하는 하나님의 사람은(The Man of God)은 세상이 감당할 수 없는 초월적(超越的)인 사람일 것이 전제가 되기 때문에 아무나 할 수 없다.

목회자(牧會者)는 세상적인 직업인(職業人)이 아니라, 하나님께로부터 불러서 세우심을 입은 사명자(使命者)이다. 이 사명자에게는 아주 두렵고 무서운 예수님의 명령(命令) 곧 하나님의 요구(要求)가 함께 따른다는 것을 명심해야 한다.

그리고 자기가 선택(選擇)하여 가진 직업인(職業人)이 나니라, 하나님께로부터 받은 사명의 성직(聖職)이다.

> "사람의 원수(怨讐)가 자기 집안 식구(食口)리라 아비나 어미를 나보다 더 사랑하는 자는 내게 합당치 아니하고 아들이나 딸을 나보다 더 사랑하는 자도 내게 합당치 아니하고 또 자기 십자가(十字架)를 지고 나를 좇지 않는 자도 내게 합당치 아니 하니라 자기 목숨을 얻는 자는 잃을 것이요 나를 위하여 자기 목숨을 잃는 자는 얻으리라"(마10:36-39)

> "무릇 내게 오는 자가 자기 부모(父母)와 처자(妻子)와 형제(兄弟)와 자매(姉妹)와 및 자기 목숨까지 미워하지 아니하면 능히 나의 제자(弟子)가 되지 못하구 누구든지 자기 십자가(十字架)를 지고 나를 좇지 않는 자도 능히 나의 제자(弟子)가 되지 못 하리라"(눅14:26-27)

✦ ✦ ✦

② 신앙의 실상(實狀)을 증거하는 기독교운동
The Christian movement of the Faithful Substance

> "믿음은 바라는 것들의 실상(實狀)이요 보지 못하는 것들의 증거(證據)니 선진(先進)들이 이로써 증거(證據)를 얻었느니라 믿음으로 모든 세계(世界)가 하나님의 말씀으로 되어진 줄을 우리가 아나니 보이는 것은 나타난 것으로 말미암아 된 것이 아니니라"(히11:1-3)

1) 성령에 의한 영적(靈的)인 요소(要素)

> "가로되 너 보는 것을 책(冊)에 써서 에배소 서머나 버가모 두아디라 사데 빌라델비아 라오디게아 일곱 교회에 보내라 하시기로"(계1:11)

신학적(神學的)으로 말할 때에, 성경의 기록(記錄)은 하나님의 성령의 영감(靈感)에 의한 기록이라는 영감설(靈感說)을 절대적인 전제로 한다.

이는 문서설(文書說, Documetary)과 대치(代置)되는 말로서, 이는 단순히 그 사람의 신앙관(信仰觀)에서 끝나는 것이 아니라, 기독교운동 자체에 대한 근본적(根本的)인 문제이다.

그리하여 이는 특히 우리 한국교회의 현실과 크게 관계되는 신학적(神學的)인 사상(思想)이기도 하다.

우리가 말하는 성경에 대한 영감(靈感, Inspiration)의 성격(性格)은 유기적(有機的, Organical)인 영감(靈感)이요, 그 영감의 범위(範圍)는 축자적(逐字的, Verbal)인 영감(靈感)이라는 것을 믿는 믿음 위에서 출발한다.

이에 대한 신학적인 문제는 두고두고 앞으로 계속해서 생각해야 할 문제요 또한 분명하게 세우지 않으면 바른 신앙이나 신학에 이를 수 없다는 경고(警告)가 함께 담겨져 있는 말이기도 하다.

2) 이성(理性)에 의한 지적(知的)인 요소(要素)

> **"악한 사람들과 속이는 자들은 더욱 악하여져서 속이기도 하고 속기도 하나니 그러나 너는 배우고 확신(確信)한 일에 거하라"** (딤후3:13-14)

이 세상은 지금 현대과학문명(現代科學文明)을 앞세우고 기독교운동을 적극적으로 방해하고 있다.

경제(經濟)라는 것을 앞세워서 하나님에 대한 종교적인 신앙을 거부하게 하는가 하면, 하나님의 창조교리(創造敎理)를 대신하여 진화론(進化論)으로 정신을 흐리게 하고 있다.

이에 맞서기 위해서는 기독교운동(基督敎運動)의 지도자(指導者)나 목회자(牧會者)들이 학문적(學問的)이고 지성적(知性的)인 연구(研究)에 더욱 힘써야 할 것이다.

③ 성경의 신적(神的)인 권위(權威)
Spiritual Authority of the Bible

"너희가 성경(聖經)에서 영생(永生)을 얻는 줄 생각하고 성경을 상고하거니와 이 성경이 곧 내게 대하여 증거(證據)하는 것이로다"(요5:39)

성경(聖經)의 신적권위(神的權威)를 인정(認定)한다는 것은 그 사람이 참으로 예수 그리스도를 구주(救主)로 믿는 신앙인(信仰人)인가? 아니면 예배당(禮拜堂)에 다니는 외식자(外飾者)인가를 구분하게 하는 척도(尺度)라고 할 것이다.

1) 성경은 하나님의 계시(啓示, Revelation)다

"모든 성경은 하나님의 감동(感動)으로 된 것으로 교훈과 책망과 바르게 함과 의로 교육하기에 유익하니"(딤후3:16)

여기에서 말하는 하나님의 계시(啓示)란, 하나님께서 베일(Veil)로 가려서 감추어두셨던 것을 그 베일을 걷으시고 열어보여 주셨다는 말이다.

그리하여 하나님의 계시는 하나님의 창조(創造, Creation)로부터 시작된다.

하나님의 창조(創造)가 바로 하나님의 계시(啓示)라는 말은, 하나님께서는 그의 창조를 통하여 우선 하나님의 실재(實在)를 알려주셨고, 그 하나님께서 창조주(創造主, Crator)로서 모든 존재(存在, Existence)와 형식(形式, Fermality)과, 시간(時間, Times)에 대한 것을 알게 해 주셨다.

그 다음에는 예수 그리스도의 성령(聖靈)에 의한 동정녀(童貞女, Virgin) 탄생(誕生)과, 예수 그리스도의 십자가(十字架)에 의한 속죄구원(贖罪救援)과, 영원한 하나님의 왕국(王國)에 대한 것들을 알게 해 주셨다.

그리고 그것들을 믿는 믿음 안에서 되어진 순간순간의 사건과 하나님의 뜻을 알게 해 주시고, 하나님의 영원한 뜻을 알게하는 성경(聖經)을 기록하게 하셔서 우리 인간을 하나님의 나라로 이끌어 주시는 모든 일들이 하나님의 계시(啓示)에 기초하도록 해 주셨다.

23

2) 성경은 하나님의 말씀(Word)이다

> "너희는 여호와의 책(冊)을 자세히 읽어보라 이것들이 하나도 빠진 것이 없고 하나도 그 짝이 없는 것이 없으리니 이는 여호와의 입이 이를 명하셨고 그의 신(神)이 이것들을 모으셨음이라"(사34:16)

> "하나님의 말씀은 살았고 운동력(運動力)이 있어 좌우에 날 선 어떤 검(劍)보다도 예리(銳利)하여 혼(魂)과 영(靈)과 및 관절(關節)과 골수(骨髓)를 찔러 쪼개기까지 하며 또 마음의 생각과 뜻을 감찰(監察)하나니"(히4:12)

우리가 성경을 하나님의 말씀으로 믿는다는 것은 그의 신앙관(信仰觀)의 옳고 그름을 알게 해 주시는 척도(尺度)가 되게 한다.

역사적(歷史的)으로나 개인적(個人的)으로 볼 때에 성경을 하나님의 말씀으로 믿느냐 안 믿느냐 하는 문제는 그 사람의 신앙관(信仰觀)에 대한 시비(是非)를 가리는 기준(基準)으로 작용하게 한다.

성경을 하나님의 말씀으로 믿지 않는다면 성경에서 말씀하고 있는 하나님과의 바른 관계는 이루어 질 수 없다. 즉 이러한 사람은 예배당에 다니는 사람은 될 수 있을 지라도 참으로 예수를 믿는 기독교인으로서는 자격이 없다는 말이다.

그리고 더 중요한 것은 하나님의 말씀으로서 성경은 독자적인 인격성(人格性)이 있어서 우리 인간이 믿든지 안 믿든지 상관없이 기록하신 말씀대로 성취(成就)하실 것이라는 것을 분명히 하고 있다.

성경과 기독교에 대한 바른 이해가 없이는 결코 바른 믿음에 이를 수 없다. 그래서 내가 예배당에 다니는 사람인가, 아니면 참으로 예수를 믿는 사람인가를 스스로 가려야 할 것이다.

3) 성경은 하나님의 진리(眞理, Truth)다

> "진리(眞理)를 알지니 진리가 너희를 자유케 하리라"(요8:32)

진리(眞理)는 단순히 하나의 가치기준(價値基準)이나 최고(最高)의 이상(理想)에서 끝나는 것이 아니라, 하나님 자신이 곧 진리(眞理)의 실체(實體)가 된다는 것을 알아야 한다.

그리하여 예수께서 친히 말씀하신대로 성경에 기록하기를, "예수께서 가라사대 내가 곧 길이요, 진리(眞理)요, 생명(生命)이니, 나로 말미암지 않고는 아버지께로 올 자가 없느니라"라고 하셨다(요14:6).

그러므로 우리는 진리를 어떤 철학적(哲學的)인 의미에서 말하는 어떤 막연한 실재자(實在者)나 사유(思惟)가 아니라, 영원히 스스로 살아계신 하나님으로 믿는다.

바로 그것이 곧 하나님의 진리로서 성경(聖經)이요, 성경은 진리(眞理)라는 말이다.

4) 성경은 반드시 이루실 하나님의 언약(言約, Covenant)이다

"진실로 너희에게 이르노니 천지(天地)가 없어지기 전에는 율법(律法)의 일점일획(一點一劃)이라도 반드시 없어지지 아니하고 다 이루리라"(마5:18)

하나님의 언약(言約)은 믿음이 아니고는 결코 받아들일 수 없는 하나님의 약속(約束)이다.

그런데 같은 하나님의 약속(約束)인데도 부디 약속(約束, Promise)이라고 하는 말 대신에, 언약(言約, Covenant)이라는 말로 표기(表記)되었느냐 하는 문제이다.

약속은 동등한 자격자(資格者)의 권위로 맺은 약속이기 때문에 어느 일방이 이를 폐기(廢棄)하면 그 약속은 효과(效果)를 발휘(發揮)할 수 없고 무효화(無效化)한다.

그러나 언약은 그 언약의 당사자(當事者)가 하나님이시기 때문에, 우리 인간이 이를 지키든지 아니 지키든지 하나님의 절대완전(絶對完全)하신 하나님의 속성(屬性, Attributes) 때문에 감히 어느 누구가 이를 파기(破棄)하거나 무효화(無效化) 시킬 수 없는 절대권(絶對權)을 갖는 하나님의 약속(約束)이라는 말이다.

이에 대한 것은 이미 아브라함의 신앙의 원리(原理)를 통해서도 말한바 있거니와 여기에서 신앙의 절대성(絶對性)이 설명된다는 것을 알아야 한다.

"천지(天地)는 없어지겠으나 내 말은 없어지지 아니 하리라"(마 24:35)

기독교운동은 처음부터 성경을 중심으로 분열(分裂)되게 되었다.

25

그러므로 무엇보다도 성경관에 대한 바른 이해가 없이는 결코 바른 믿음에 이를 수 없고, 성경 중심의 믿음이 아니고는 예수님이 구하시는 믿음에 이를 수 없다.

"그러나 인자(人子)가 올 때에 세상에서 믿음을 보겠느냐?"(눅 18:8)

우리는 아브라함을 '믿음의 조상(祖上)'이라고 말한다.

그리고 아브라함의 믿음에 대한 특징(特徵)을 가리켜서 '순종신앙(順從信仰)'이라고 한다.

그러나 그 순종신앙의 원리(原理)를 '언약신앙(言約信仰)'에서 찾는다. 즉 아브라함이 하나님의 명령(命令)에 '예'라고 무조건적(無條件的)인 답(答)을 하고 순종(順從)만 했던 것은 하나님의 언약(言約, Covenant)을 믿었기 때문이라는 말이다(행7:5 참조).

여기에서 우리는 하나님께 대한 언약신앙은 시간적(時間的)인 개념(槪念)을 초월(超越)한 현재(現在, Presence)를 전제로 하고 있다는 것을 알게 한다.

하나님의 언약(言約, Covenant)은 하나님의 예언(豫言, Prophecy)을 통해서 나타난다.

하나님의 언약은 장차 되어 질 일들을 하나님께서 그의 선지자(先知者, Prophet)들을 통해서 미리 알게 해 주심이다.

그 하나님의 예언(豫言)을 믿는 것이 언약신앙(言約信仰)이다.

그래서 성경적인 참 믿음은 시간을 초월한 현재를 믿는 것이다.

지금 우리 한국교회가 기복적(祈福的)인 신앙과 은사주의적(恩賜主義的)인 신앙으로 너무 빠져들고 있어서 성경적인 언약신앙의 입장에서 볼 때에는 신앙적인 위기감(危機感)을 느끼지 않을 수 없다.

이는 우리 기독교운동이 양적성장(量的成長)의 의미에서는 긍정적(肯定的)인 답(答)이 나올 수 있으나, 성경적인 바른 신앙이라는 입장에서 볼 때에는 많은 아쉬움을 남긴다.

그럴수록 우리 한국교회의 목회자(牧會者)들과, 신학자(神學者)들과, 교회의 지도자(指導者)들에 대한 바른 신학적(神學的)인 훈련(訓練)이 새로워져야 한다는 것을 절감한다.

1

하나님 아버지 주신 책은 귀하고 중하신 말씀일세
기쁘고 반가운 말씀 중에 날 사랑하신단 말 좋도다

후렴

주께서 나를 사랑하니 즐겁고도 즐겁도다
주께서 나를 사랑하니 나는 참 기쁘다

2

구속의 은혜를 저버리고 어긋난 딴 길로 가다가도
예수의 사랑만 생각하면 곧 다시 예수께 돌아오리

3

구주의 영광을 바라보며 예수의 이름을 찬양하리
영원히 찬양할 나의 노래 예수의 이름이 귀하도다

4

주 예수 날 사랑하시오니 나 또한 예수를 사랑하네
날 구원하시려 내려 오사 십자가 위에서 죽으셨네

5

주 예수 날 사랑하시오니 마귀가 놀라서 물러가네
주 나를 이렇게 사랑하니 그 사랑 어떻게 보답할까

제1강좌에 대한 복습문제

문제 1. 신학적인 토대를 어떻게 세워야하는가를 간단히 말하라

문제 2. 세상이 감당하지 못한다는 말씀의 뜻을 간단히 말하라

문제 3. 신앙의 실상을 어떻게 증거 해야 할 것인가를 간단히 말하라

문제 4. 성경의 신적권위에 대하여 말하라

문제 5. 율법과 복음의 관계성에 대하여 간단히 말하라

문제 6. 내가 신학을 공부해야 할 이유를 간단히 말하라

문제 7. 우리 한국교회의 현실을 자기의 입장에서 간단히 말하라

1
은혜가 풍성한 하나님은 믿는 자 한 사람 한 사람
어제도 오늘도 언제든지 변찮고 보호해 주시네

후렴
주여 성령의 은사들을 오늘도 내려 주소서
성령의 뜨거운 불길로서 오늘도 충만케 하옵소서

2
정욕과 죄악에 물든 맘을 성령의 불길로 태우사
정결케 하소서 태우소서 깨끗게 하여 주옵소서

3
희생의 제물로 돌아가신 어린양 우리 주 예수여
구속의 은혜를 내리시사 오늘도 구원해 주소서

4
주님의 깊으신 은혜만을 세상에 널리 전하리니
하늘의 능력과 권세로써 오늘도 입혀 주옵소서

성경적 기독교 정론 | 聖經的 基督敎 正論 | The Biblical Right theory of the Christianity

제02강좌

신학과 조직신학

제2강좌

신학(神學)과 조직신학(組織神學)
Theology and Systematic Theology

기독교 종교에서 조직신학(組織神學, Systematic Theology)이라고 하는 과목(科目)은 신학교(神學校)의 중심이 되는 과목이다.

신학교(神學校, Theological Seminary)에서 공부해야할 교과의 과목(科目)으로는 주경신학(註經神學), 조직신학(組織神學), 역사신학(歷史神學), 실천신학(實踐神學), 교양학(敎養學), 어학(語學)등으로 크게 대별(大別)하여 나누며, 다시 이를 세분화(細分化)시키면, 주경신학에 구약과 신약 성경 말씀 66권에 대한 전체를 비롯하여 구약학(舊約學), 신약학(新約學), 석의학(釋義學), 강해학(講解學)을 비롯하여 거의 끝이 없을 만큼 다양(多樣)한 방법으로 연구를 진행해야 한다.

그리고 조직신학(組織神學, Systematic Theology) 과목으로는 서론(序論, Introduction), 신론(神論, Doctrine of God), 인간론(人間論, Doctrine of Man), 기독론(基督論, Doctrine of Christ), 구원론(救援論, Doctrine of Redemption), 성령론(聖靈論, Doctrine of the Holy Spirit), 교회론(敎會論, Doctrine of Church), 종말론(終末論, Doctrine of Last things)등 크게 8개의 과제(課題)로 나누지만, 이 외에도 방계(傍系)의 보충(補充) 과목으로서 천사론(天使論, Doctrine of Angel)이나, 기독교 윤리학(基督敎倫理學, Christian Ethics), 기독교 변증학(基督敎辨證學, Christian Apologetics), 그리고 비교종교학(比較宗敎學, The Comparative Religions)등으로 나누어서 연구를 진행한다.

역사신학(歷史神學)으로는 우선 교회사(敎會史)를 비롯하여 구약사(舊約史), 신약사(新約史), 신구약 중간사(中間史), 교리사(敎理史), 교리사상사(敎理思想史)등을 중심으로 한 온 갖 역사물(歷史物)에 대한 것들이 있다.

또 실천신학(實踐神學)으로는 목회학(牧會學), 전도학(傳道學), 선교학(宣敎學)등을 중심으로 기독교 운동에 대한 실천적(實踐的)인 모든 것들이 과목으로 연구의 대상이 된다.

32

그리고 우리가 중요하게 여겨야 할 것이 교양학(教養學)이라고 하는 과목들인데, 바로 이것이 목사(牧師)들에 대한 인격(人格)과 교양(教養)상의 모든 품위(品位)를 가리는 기준으로 제공하고 있다.

그리하여 교양학(教養學)에서는 우선 모든 학문(學問)의 개론(概論) 정도를 총망라(總網羅)하는데, 원칙적(原則的)으로는 '신학(神學)이 학문(學問)의 어머니'라는 말이 여기에서 따라붙게 되었다고 해도 과언이 아닐 것이다.

역사적(歷史的)으로 볼 때에 신학(神學, Theology)에 대한 교육(教育)이 처음부터 있어왔지만, 부디 신학교(神學校, Theological Seminary)라는 이름으로 등장하게 된 것은 180년 알렉산드리아(Alexandria)에서 시실리 출신의 희랍계 스토아 철학자(哲學者)로서 목사(牧師)가 된 판테너스(Pantenus: 200년경 사망)에 의해서 시작된 문답학교(問答學校, Catechism School)부터였다고 할 것이다.

그러나 본격적으로 신학 교육이 모든 학문(學問)의 어머니로 발전하게 된 것은, 처음 대신학자(大神學者)로 통하는 그의 제자 알렉산드리아 클레멘트(Clement of Alexandria:150-251)에 의해서 본격적으로 신학교육(神學教育)이 시작되었다고 보아야 할 것이다.

그리고 현대에 이르기까지 서구사회의 모든 학문(學問)과 사상(思想)의 중심은 신학교(神學校)를 기준(基準)으로 하고 있다는 것을 알 수 있다.

특히 현재 전 세계를 제패(制霸)하고 있는 미국(美國, U. S. A.)이라고 하는 나라는, 청교도(淸教徒, Puritans)들에 의해서 1638년에 세워진 하바드 대학(Harvard University)을 그 뿌리로 하고 있다.

그런데 이 하바드(Havard) 대학(大學)은 목사(牧師)들과 기독교(基督教)의 지도자(指導者)들을 양성(養成)할 목적(目的)으로 세워진 학교(學校)였다는 것을 알아야 한다.

이런 점으로 미루어 볼 때에 신학교(神學校) 교육(教育)이야 말로 그 나라의 흥망성쇠(興亡盛衰)는 물론 전 세계 인류(人類)를 위한 사명적(使命的)인 교육의 전당(殿堂)이라는 것을 알아야 한다.

본래 목사(牧師, Pastor)라고 하는 성직(聖職)은 하나님과 인간들 사이를 중보(仲保)하는 제사장(祭司長)의 직무(職務)를 수행하는 특별한 성직(聖職)으로서, 목사(牧師)의 믿음과 신학적(神學的)인 사상(思想)과 함께 그의 품격(品格)과 학문적(學問的)인 조예(造詣)는 시대적인 사명을 책임(責任)지고 있다는 것을 알아야 한다.

목사(牧師)만큼 교회(教會)가 되고, 교회만큼 사회(社會)가 되고, 사회만큼 나라 곧 국가(國家)가 된다는 책임(責任)과 사명(使命)의 직분자(職分者)라는 것을 명심하고, 신학 연구에 임해야 할 것이다.

특히 우리 한국 교회의 재기부흥발전(再起復興發展)과 국민적(國民的)인 가치관(價値觀)의 회복(回復)은 하나님께서 목사(牧師)들에게 명하신 일로서, 반드시 해내야 할 절대절명(絕對絕命)의 책임(責任, Responsibility)이요 사명(使命, Mission)이라고 생각한다.

33

그 이상의 문제는 하나님께 맡기고 기도하면 살아계신 하나님께서 반드시 '나'를 들어 쓰실 것으로 믿고 열심히 노력을 다하자.

> "하나님이 가라사대 내가 정녕 너와 함께 있으리라 네가 백성을 애굽에서 인도하여 낸 후에 너희가 이 산에서 하나님을 섬기리니 이것이 내가 너를 보낸 증거니라"(출3:12)

나의 믿음 약하나 예수 권세 많도다
날 사랑하심 날 사랑하심 날 사랑하심
성경에 써있네

---

① 조직신학 서론(序論)의 개요(槪要)
Outline of Introduction of Systematic Theology

  우리가 신학(神學)을 연구함에 있어서, 먼저 조직신학(組織神學, Systematic Theology)을 통해서 자기의 신앙(信仰)과 신학적(神學的)인 입지(立志)를 분명히 해야 한다.

  신학을 하는 신학도(神學徒)로서 자기가 지향(指向)하는 신학(神學)이라는 학문(學問)에 관한 방향(方向)과 목표(目標)가 분명하지 못하고서는 결코 목표에 이를 수 없다.

1) 성경관(聖經觀)이 뚜렷해야 한다

"모든 성경은 하나님의 감동으로 된 것으로 교훈과 책망과 바르게 함과 의로 교육하기에 유익하니 이는 하나님의 사람으로 온전케하며 모든 선한 일을 행하기에 온전케 하려 함이니라"(딤후 3:16-17. All Scripture is given by inspiration of God, and is profitable for doctrine, for reproof, for correction, for instruction in righteousness, that man of God may be complete, throughly equipped for every good work)

성경에서 말씀하시기를, 모든 성경은 곧 하나님의 신(神)의 감동(感動, Inspiration)에 의해서 기록된 하나님의 말씀이라는 것을 자증(自證)해주고 있다.

그러므로 우리는 먼저 성경의 신적 권위에 대한 것을 먼저 알고 믿고 들어가야 한다. 성경의 신적권위(神的權威)란, 성경(聖經, The Bible)은 하나님의 계시(啓示, Revelation)요, 성경은 하나님의 말씀(Word)이요, 성경은 하나님의 진리(眞理, Truth)요, 성경은 하나님의 언약(言約, Covenant)이라는 확신을 전제로 한다.

그리고 다음에는 우리가 가지고 있는 성경(聖經)에 대한 영감설(靈感說, Spiritual Inspiration)에 대한 교리(敎理)이다.

영감(靈感)의 성격(性格, Character)으로는 유기적영감(有機的靈感, Organical Inspiration)이라는 것과, 영감의 범위(範圍, Extent)로는 축자영감(逐字靈感, Verbal Inspiration)이라는 확신(確信)에 서 있지 못하면 언제든지 자기도 모르는 사이에 신학적(神學的)인 위기(危機)에 빠져들 수 있다는 것을 알아야 한다.

하나 더 꼭 알고 넘어가야 할 것은, 하나님의 말씀으로서의 성경에 대한 계시(啓示, Revelation) 문제다.

모든 성경은 하나님의 성령에 의한 영감(靈感, Inspiration) 곧 하나님의 계시(啓示, Revelation)에 의해서 기록 되었는데, 하나님의 계시(啓示)에는 일반계시(一般啓示, General Revelation)와 특별계시(特別啓示, Special Revelation)가 있다.

이러한 성경관이 없으면 성경에 대한 완전성(完全性)이나, 성경의 명료성(明瞭性)이나 성경의 충족성(充足性)이라는 교리(敎理)가 성립(成立)될 수 없다.

2) 종교관(宗敎觀)을 바로 세워야 한다

　본래 종교(宗敎, Religion)란 자기가 신봉(信奉)하는 신(神)과의 관계(關係, Relationship)를 이르는 말이다. 그리하여 종교의 좌소(座所, Seat)를 사람의 마음에다 두고, 하나님과의 관계를 믿음으로 나타내게 된다.

> **"네 하나님 여호와께서 네 마음과 네 자손의 마음에 할례(割禮)를 베푸사 너로 마음을 다하며 성품**
> **을 다하여 네 하나님 여호와를 사랑하게 하사 너로 생명을 얻게 할 것이며"**(신30:6)

　본래 종교(宗敎, Religion)와 미신(迷信, Superstition)은 그의 성격(性格) 상으로는 비슷한 것 같으면서도 근본적(根本的)으로 전혀 다른 개념(槪念)으로 해석 된다.

　즉 종교(宗敎)는 교조(敎祖, Founder)와 경전(經典, Scripture)과 신관(神觀, Divine)과 내세관(來世觀, Future life)이 있어야 하나, 미신(迷信)은 하나의 풍속(風俗, Customs)으로서 끝나기 때문에 교리(敎理)나 신앙하는 신조(信條)를 중심으로 하는 방법상의 통일(統一)을 이루지 못하고 지역풍속(地域風俗, Local Customs)으로 남게 될 뿐이다.

　그 이유는 경전(經典, Scripture)이 없기 때문이다.

　우리 기독교(基督敎)에서 교리(敎理)와 신조(信條)를 중요하게 여기는 것은 교리(敎理, Doctrine)로서 기독교의 정체(正體)와 본질(本質)을 말하고, 신조(信條, Decree)로서 신앙(信仰)하는 방법을 설명하여 하나로서 보편성(普遍性)과 통일(統一)을 이룰 수 있게 한다.

　그리고 종교(宗敎)라는 것을 보면, 유형(類型)의 차별과 방식의 다양(多樣)함을 알 수 있을 것이나, 이를 크게 두 가지로 분류(分類)하여, 하나는 자연종교(自然宗敎, Natural Religion)라고 하고, 다른 하나는 계시종교(啓示宗敎, Revelation Religion)로 나눌 수 있을 것이다.

　즉 사람이 하나님께로 찾아가 자연종교(自然宗敎)가 있고, 하나님께서 사람에게로 찾아오신 천래(天來)의 종교 곧 계시종교(啓示宗敎)로 구분한다.

　그리하여 우리 기독교에서 말하는 삼위일체(三位一體) 하나님께서는 이 세상 우리에게로 찾아오셨는데, 제1위 성부(聖父)하나님께서는 우리 인류(人類) 시조(始祖) 아담(Adam)에게로 친히 찾아오셨고(창3:9), 제2위 예수 그리스도께서는 친히 사람의 몸을 입으시고 성육신(成肉身, Incarnation)하셔서 이 세상 우리에게로 찾아 오셨고(요1:1-14), 제3위 성령(聖靈) 하나님께서는 나에게로 친히 찾아오셨다(요6:37).

36

그래서 우리 기독교를 일컬어서 '천래(天來)의 종교(宗敎)'요 또한 '계시종교(啓示宗敎)'라고 하는 말을 붙이게 된다.

성경을 중심으로 하는 정통신학(正統神學)에서는 인간의 능동(能動)이 아닌 피동(被動), 자율(自律)이 아닌 타율(他律)에 의한 구원을 믿는 타율적(他律的)인 종교라는 것을 알아야 한다.

3) 계시사상(啓示思想)이 분명해야 한다

우리는 이미 계시(啓示, Revelation)라는 말을 자주 쓰고 듣게 되는데, 기독교에서 계시(啓示)라는 말을 제하면 기독교 진리(眞理)의 정통성(正統性, Orthodoxy)을 말할 수 없다.

계시(啓示)라는 말은, 하나님께서 감추어 놓으신 베일(veil)을 걷어 제치고 하나님의 비밀(秘密)을 우리에게 보여주셨다 함이라는 말과도 같다.

그리하여 하나님께서는 그의 창조(創造, Creation)로서 하나님의 존재(存在)를 알게 해 주셨고, 또한 제2위 하나님이신 예수 그리스도의 성육신(成肉身, Incarnation)으로 우리를 향하신 하나님의 구속(救贖)과 하나님의 의지(意志)를 알게 해 주셨고, 성령 하나님에 의해서 나를 향하신 하나님의 선택(選擇)과 하나님의 뜻을 알게 해 주셨다.

이 모든 것들이 다 하나님의 계시(啓示) 곧 하나님에 관한 신지식(神知識)을 통해서 얻어진다.

이 신지식을 얻기 위해서는 더 많이 하나님께로 다가가야 한다.

우리가 하나님께 다가가는 것은 하나님을 향한 믿음과, 하나님을 향한 기도(祈禱)와, 하나님 앞에서 겸손(謙遜)하게 꿇어 엎드려서 회개(悔改)하고 참회(懺悔)하는 길 밖에 없다.

계시사상이 투철한 사람일수록 믿음의 모든 것을 하나님의 은총(恩寵)으로 받아들인다.

이런 의미에서 사도 바울이, **"나의 나 된 것은 하나님의 은혜(恩惠)로라"**라고 고백(告白)한 것을 알게 한다(고전15:10).

하나님에 대한 신지식(神知識)은 계시사상(啓示思想)을 바탕으로 하여 영성(靈性, Spirituality)으로 나타나게 된다.

하나님의 일을 하는 하나님의 사람에게는 이성적(理性的)인 학문(學問) 이상으로 하나님의 영감(靈感)에 의한 영성(靈性, Spirituality)이 보증(保證)되어야 한다.

우리는 교회사(敎會史)를 통해서 어거스틴(Augustinus: 354-430)이라고 하는 대신학자(大神學者)를 알 37

수 있다.

그의 대표적(代表的)인 신학사상(神學思想)을 은총론(恩寵論)이라고 할 것이다.

그는 믿음의 깊음 속에 들어가면 갈수록 모든 것은 '하나님의 은혜(恩惠)'로 되어졌다는 것을 자기의 생애를 통해서 고백하고 있다.

하나님의 일은 자기의 능동적(能動的)인 행위의 사역이 아니라, 하나님께서 그의 성령(聖靈)을 통해서 하게 해 주실 때에만 가능(可能)하다는 것을 알게 될 것이다.

바로 그렇게 하는 것이 곧 '하나님의 일'(working of God)이라는 말이다.

그리하여 사도 바울은 믿음과 구원의 모든 것까지도 하나님께서 사랑으로 내게 주신 하나님의 선물(膳物)이라는 것을 고백하고 있다.

> **"너희가 그 은혜를 인하여 믿음으로 말미암아 구원을 얻었나니 이것이 너희에게서 난 것이 아니요 하나님의 선물이라"**(엡2:8, For by grace you have been saved through faith, and that not of yourselves; it is the gift of God)

② 신학이란 무엇인가?
What is Systematic Theoloogy?

세상에는 종교(宗敎)의 종류(種類)도 수없이 많다.

그러나 엄밀하게 말해서 신학(神學, Theology)이라고 하는 말은 우리 기독교(基督敎, The Christianity)를 제외한 어느 종교(宗敎)에서도 찾아볼 수 없는 말이다.

신학(神學)이라는 말을 가장 쉬운 말로 말하면, '하나님에 관한 학문(學問)'이라고 할 것이다.

하나님에 관한 학문(學問)이라는 말은 곧 신학(神學)은 "종교적(宗敎的)인 현상(現狀)을 과학적(科學的)으로 조직(組織)한 것"이기 때문에 그 연구하는 방법도 과학적(科學的)이라는 말이다.

그리고 신학(神學)을 연구하기 위해서는 그 자료(資料)와 소재(素材)를 하나님을 중심으로 하여 성경(聖經)과 인간(人間)과 우주(宇宙)로 해야 할 것이다.

38

이는 매우 조심스러우면서도 중요한 뜻을 갖는 말로서, 하나님에 관한 학문(學問)인 신학(神學)을 바로 연구하기 위해서는 이성적(理性的)인 연구의 노력(努力) 외에 신앙적(信仰的)인 명상(瞑想)과 기도(祈禱)가 전제가 된다는 것을 알아야 할 것이다.

1) 역사적(歷史的)으로 보는 신학(神學)

본래 신학(神學)이라는 말은, 헬라의 철학자 플라톤(Platon: BC 329-347)의 공화정치(共和政治)와 아리스토텔레스(Aristoteles: BC 384-322)의 형이상학(形而上學)에서 '신(神)에 관한 논설(論說)'이라는 말에 기초(基礎)하여 생긴 말인데, 이것이 교회의 뜻으로 사용되었던 데서 근원(根源)을 찾는다.

묘하게도 신학(神學)이라는 말은 성경에는 없다.

그러나 '하나님'이라는 말을 중심으로, 하나님에 대하여 학문적(學問的)으로 연구를 하게 되는데서 자연히 신학(神學)이라는 말이 나타나게 되었다.

신학(神學)이라는 말이 처음으로 종교적(宗敎的)인 진리(眞理)와 신앙(信仰)을 표시하게 된 것은 3,4세기에 있어서 보통 '로고스(Logos)의 신성(神性)을 변호(辯護)하기 위해서 사용되었던 말인데, 그것이 12세기에 이르러 아벤라드(Abenrad)라는 사람이 '그리스도교 신학'이라는 책(冊)을 편찬(編纂)해 내는데서 하나의 용어(用語)로 드러나게 되었다.

그리하여 신학(神學)은 종교학(宗敎學)으로서 종교적(宗敎的)인 사실(事實)과 원리(原理)를 가장 보편적(普遍的)으로 정묘한 현상과 그 내적인 관계(關係) 또는 유기적(有機的)인 일치(一致)를 조직적(組織的)으로 잘 표명해 주어야 한다.

그러나 이렇게 복잡한 말 대신 예수께서 하신 말씀대로, '하나님의 뜻을 이루어 드리기 위해서' 연구(硏究)하는 '하나님에 관한 학문(學問)'으로 이해하면 될 것이다.

단 신학(神學)이라는 말이 하나님에 관한 학문(學問)이라고 하는 한, 현대인들이 생각하는 것처럼 함부로 천(賤)하게 여겨서는 안 될 것이라는 것을 알아야 한다.

인류의 역사(歷史)는 모든 학문(學問)의 어머니가 신학(神學)이라고 하는 것에 대해서는 잊지 말고 명심해야 할 것이다.

2) 신학(神學)과 신학자(神學者)

우리는 위에서 종교(宗敎)라는 말과 신학(神學)이라는 말을 통하여 종교(宗敎)나 신학(神學)의 중심(中心)에는 신(神) 곧 하나님이라는 분이 계신다는 사실에 대하야 알았다.

그런데 하나님에 관한 학문(學問)이 신학(神學)이요, 그것을 연구하는 사람이 신학자(神學者)라고 할 때에 자연히 신학과 신학자의 어떠함에 대한 성격(性格)을 알게 한다.

그러므로 신학(神學)을 하는 신학자(神學者)는 먼저 하나님 앞에서 바른 신앙인(信仰人)이어야 할 것이 전제가 된다.

역사적(歷史的)으로 볼 때에 훌륭한 사상가(思想家)나 철학자(哲學者)나 문학가(文學家)의 모든 사람들은 거의 한결 같이 신학(神學)에 대한 자기 나름대로의 학문적(學問的)인 정의(定義)를 가지고 있었다.

그러나 그들을 가리켜서 우리가 말하는 신학자(神學者, Theologian)라고는 하지 않는다.

이는 곧 참 된 신학자(神學者)는 먼저 하나님을 향한 참 된 신앙인(信仰人)이어야 할 것을 전제로 한다는 말과도 같다.

신앙(信仰)이 없는 신학자(神學者)는 존재의 가치나 효과가 있을 수 없다.

모든 성경은 하나님의 신적인 권위를 갖는 하나님의 계시(啓示)요, 하나님의 말씀이요, 하나님의 진리요, 영원히 변치 않는 하나님의 언약이라는 확

신을 믿음으로 고백한 그 사람들만이 참 된 신학인(神學人)이 될 수 있다.

이를 좀 더 적극적으로 말한다면 신학인이 되기 전에 먼저 성경적인 바른 신앙인이 되어야 한다는 것을 알게 한다.

예수 그리스도의 임박한 재림(再臨)을 앞두고, 예수께서 하신 말씀 가운데, **"인자가 올 때에 세상에서 믿음을 보겠느냐?"**(눅18:8)라고 하신 것은, 인지(人知)의 발달(發達)과 경제적(經濟的)인 풍요(豊饒)와, 사람들의 정서(情緖)는 예수님께서 구하시는 믿음을 찾아보기 어려운 시대로 말려들고 있다는 것을 미리 예언(豫言)하심이었다.

세계주의화(世界主義化)의 사람들은 사람들의 한계(限界)를 벗어난 이상(理想)을 목표로 무한정(無限定) 달려가고 있다.

너무도 다가올 앞날을 모르고 달려만 가면서 그것이 곧 현대과학문명(現代科學文明, Modern science civilization)이라고 자랑삼아 외치고 있다.

그렇게 하는 순간순간마다 자연(自然)은 병(病)들어가고 변질(變質)하여 죽어가고 있는데도 그런 것은 '나 몰라라'하고 우선 자만(自慢)에 취해들고 있다.

참된 성경적인 신앙인과 신학자가 너무도 필요한 때다.

나의 믿음 약하나 예수 권세 많도다
날 사랑하심 날 사랑하심 날 사랑하심
성경에 써있네

🍃 🍃 🍃

③ 조직신학(組織神學)에 대하여
About Systematic Theology

우리는 앞에서 신학(神學)에 대한 것을 알아보았다.

그런 다음에는 자연히 조직신학(組織神學, Systematic Theology)에 대하여 알고 넘어가는 것이 당연한 순서(順序)라는 것을 알 수 있다.

그리고 우후죽순(雨後竹筍)처럼 생겨나는 부실신학교(不實神學校)의 난립(亂立)으로 인하여 생겨난 것이 신학(神學)이 없는 신학교(神學校)에 대한 문제다.

그 신학교(神學校)의 생명(生命)은 곧 조직신학(組織神學, Systematic Theology)에 달려있는데, 간판(看板)만 신학교(神學校)라 내어걸고, 신학(神學)이 없는 신학교(神學校)를 운영하고 있으니, 그것이 사람 앞에서는 인정을 받을지 몰라도 하나님 앞에서는 안 될 것이다.

하나님이 보시기에 심히 좋은 기준(基準)은 인간이 할 수 있는 최선(最善)의 길이 있을 뿐이다.

그러므로 목사(牧師)나 신학자(神學者)가 되기 위해서는 먼저 믿음의 실상(實狀)을 증거(證據)할 수

41

있는 사람이어야 한다.

아무리 학문적(學問的)으로 많이 알고 공부를 한 사람이라고 할지라도 그에 맞는 믿음이 없는 사람에게서는 참된 성경의 진리(眞理)를 찾을 수 없다.

1) 조직신학(組織神學)에 대한 역사적(歷史的)인 개관(槪觀)

기독교(基督敎)의 진리(眞理)를 설명하는 신학(神學)은 어떤 신학자(神學者)나 현대인(現代人)들에 의해서 만들어 진 것이 아니라, 이미 성경(聖經)에서 말씀하고 있는 진리(眞理)를 중심으로 찾아낸 것이다.

다만 시대적(時代的)인 표현의 방식이 다를 뿐이다.

예컨대 이탈리아의 천문학자(天文學者)요 과학자(科學者)로 지동설(地動說)을 주장하다가 1633년에 종교재판(宗敎裁判)에 회부(回附)되어 교황청(敎皇廳)으로부터 출교(黜敎)를 당했든 갈릴리오(Galileo: 1564-1642) 같은 사람의 경우를 보면 많은 것을 알 수 있다.

즉 갈릴레오(Galileo)는 자기가 만든 망원경(望遠鏡)을 통해서 목성(木星)과 위성(衛星)과 금성(金星)의 공전(共轉)등을 발견하고 나서 지동설(地動說)을 발견(發見)하고 이를 설(說)로 주장하다가 교황청(敎皇廳)에 체포되어 종교재판(宗敎裁判)을 받고 파문(破門)에 처하게 되었던 것이다.

그런데 성경 중에서도 가장 먼저 기록된 것으로 알고있는 욥기서 26장 7절에, "**그는 북편 하늘을 허공(虛空)에 펴시며 땅을 공간(空間)에 다시며**"(He stretches the north over empty space: He hangs the earth on nothing)라고 말씀하고 있다.

만약에 그 당시에 이 성경 말씀에 대한 더 깊은 연구를 했다면 그런 교황청(敎皇廳)의 실수(失手)가 없었지 않을까 하는 가정(假定)을 해 본다.

그래서 우리는 하나님에 관한 학문인 신학(神學)을 좀 더 바르게 하기 위해서는 더 많은 기도와 명상과 연구의 노력이 필요하다는 것을 알게 한다.

우리 기독교에 대한 교리(敎理)나 신조(信條) 등은 이미 예수 그리스도의 복음을 중심으로 교부(敎父)들이 활동하던 시대까지 거의 다 완성 되었다.

다만 시기적인 표현의 방식이 다르고, 시대적인 상황에 따라서 이를 변증(辨證, Argument)하기 위해서 노력했을 뿐이다.

우리가 아는대로 1517년 10월 31일, 말틴 루터(Martin Luther: 1483-1546)에 의해서 일어났던 종교개혁(宗教改革, Reformation)까지도 존 칼빈(John calvin: 1509-1564)에 의해서 기록된 기독교강요(基督教綱要, Christian Religion Institution)같은 책(冊)이 없었다면 종교개혁 자체가 하나의 역사적인 사건(事件, Historical event)으로 끝나고 말았을 것이다.

그러므로 우리는 신학(神學)을 공부함에 있어서, 시대적(時代的)인 환경(環境)과 상황(狀況)을 깊이 조명(照明)하여 좀 더 진지하게 기도하고 명상하며, 신학(神學)의 본분(本分)을 다하도록 해야 할 것이다.

현대인(現代人)들이 말하는 기독교신학(基督教神學)의 발전(發展)은 새로운 것(New things)의 등장(登場)이 아니라, 본래에 있는 것을 가지고 시대적(時代的)인 상황(狀況)에 따라서 답변(答辯, Answer)을 드리고 말하는 새로워짐(Re-New)의 뜻을 이루자는 것이다.

하나님의 일을 하기 위해서 최선(最善)을 다해야 한다는 것이 이 말의 뜻과도 같다고 해야 할 것이다.

2) 조직신학의 정의(定義)

우리는 앞에서 하나님에 관한 학문(學問)이 곧 신학(神學, Theology)이라는 것을 알았다.

그런데 또 다시 조직신학(組織神學)이라고 말을 할 때에는 훨씬 더 적극적(積極的)이고 구체적(具體的)인 뜻을 담고 있다는 것을 알아야 한다.

그러나 어떠한 이론(理論)을 전개(展開)해 나가든지 조직신학(組織神學)이라는 것은 신학(神學)에 대한 연구방법 상의 하나라는 데는 다른 이의(異議)가 있을 수 없다는 것을 알아야 한다.

또한 우리가 조직신학(組織神學)에 대한 정의(定義)를 내리기 전에 먼저 반드시 알아 두어야할 것이 있다.

즉 신학(神學, Theology)이나 교리(教理, Dogma)를 논(論)하기 위해서는 세 가지의 원칙(原則)으로서, 모든 자료(資料)는 성경에서 나와야 한다는 것과, 성경에서 나온 진리(眞理)를 기준하여 세계교회가 한자리에 모여서 숙고(熟考)한 다음 결정(決定)을 해야 하고, 그것을 세계 교회들이 함께 채용(採用)할 때에 그 기능(機能)을 발휘하게 된다는 점이다.

그리하여 '조직신학(組織神學, Systematic Theology)이란 성경의 진리(眞理)를 중심하여 이를 체계적(43

體系的, Systematic)으로, 논리적(論理的, Logical)으로, 윤리적(倫理的, Ethics)으로, 교육적(敎育的, Educational)으로, 합리적(合理的, Positive)으로, 교리적(敎理的, Dogmatic)으로 연구하는 하나님에 관한 학문(學問)이다'라고 정의(定義)한다.

　물론 신학자(神學者)들에 따라서 약간씩 다른 정의(定義)를 내릴 수 있을 것이나, 우리는 성경적인 정통신학(正統神學)을 공부하기 위해서 일단 이러한 정의(定義)를 내려놓고 연구를 진행하도록 한다.

3) 어떤 조직신학(組織神學)을 공부해야 할 것인가

　우리가 잘 알고 있는 데로 20세기로 들어서면서 자유주의신학파(自由主義神學派)에 속한 사람들은 폴 틸리히(Paul Tillih: 1886-1965)를 가리켜서 '20세기의 대표적(代表的)인 조직신학자(組織神學者)'라고 말한다.

　그러나 우리로서는 그의 조직신학(組織神學)을 전혀 받아들일 수 없다.

　왜냐하면 폴 틸리히(Paul Tillih)는 기독교사회주의운동(基督敎社會主義運動, Christian Socialism Campaign)을 목표(目標)로 한 극단적(極端的)인 신학사상(神學思想)에다, 신학(神學, Theology)과 철학(哲學, Philosophy)의 연합(聯合)을 주장하는 신학자(神學者)로서, 한 마디로 신앙(信仰)이 없는 신학(神學)이요, 하나님의 신비(神秘)나 이적(異蹟) 같은 것도 배제(排除)하고 무시(無視)해 버리는 반성경적(反聖經的)인 신학(神學)이라고 할 것이기 때문에 이를 수용할 수 없다는 말이다.

　역사적(歷史的)으로 볼 때에는 순수한 성경 중심의 정통보수(正統保守)를 지향하는 신학자(神學者)가 그렇게 많지 않았다는 것도 알 수 있다.

　그러나 그들 대부분의 사람들은 시대적인 사상(思想)이나 학문(學問)의 표현방식(表現方式)이 현대와 같지 못했다는 점을 감안하고, 그러면서도 그들은 경건(敬虔)하고, 간절(懇切)하고, 독실(篤實)한 신앙가(信仰家)들이었다는 점과, 신학(神學)의 발전(發展)에 가교적(架橋的)인 역할(役割)을 해 주었다는 점에서 인정을 하고 싶다.

　그러나 슐라이어막허(Schliermarcher: 1768-1834)를 비롯하여 그의 후계자(後繼者)라고 할 수 있는 리츌(Ristchl: 1822-1889), 본훼퍼(Bonhoeffer: 1906-1945), 칼 발트(Karl Barth: 1886-1968), 에밀 부른너(Emil Brunner:1889-1961), 폴 틸리히(Paul Tillich: 1886-1965), 루돌프 불트만(Rudolf Bultman: 1884-1961), 아돌프 하르낙(Adolf Harnack: 1851-1930), 월터 라우센부쉬(Walter Rausenbush: 1861-1918) 같은 현대주의(現代主義)의

신학자(神學者)들이 주장하는 신학사상(神學思想)만은 극히 경계(警戒)해야 할 것이다.

그러면 어떤 사상(思想)들을 중심으로 성경적인 정통보수주의신학(保守主義神學)을 유지해 나갈 수 있을 것인가 하는 문제다.

이는 매우 힘들고 어려운 일일 것이나, 우선 칼빈주의를 비롯하여, 청교도주의자(淸敎徒主義者)들의 신학사상(神學思想)을 중심으로 나가는 것이 옳을 것이다.

신학적(神學的)인 사상(思想)이 아무리 바르다고 할지라도 교파주의적(敎派主義的)인 운동이나 교단(敎團)을 중심으로 하는 신학사상(神學思想)은 일장일단(一長一短)의 양면성(兩面性)을 가지고 있기 때문에 성경적인 바른 사상(思想)을 가리기가 어렵다.

여기에 또 신학적(神學的)인 사상(思想)은 바르다고 할지라도 그의 신앙(信仰)의 경건(敬虔)이 없어서도 안 된다.

신학적(神學的)인 사상(思想)은 바르나 믿음의 실상(實狀)이 없어서도 안 될 것이라는 말이다.

여기에서 말하고 있는 신앙의 실상(實狀, Substance)이란 곧 신앙적(信仰的)인 경험(經驗) 곧 생활신앙(生活信仰)을 뜻하는 말로서, 경건(敬虔)한 생활에 보편적(普遍的)인 의미에서의 표현이라고 해도 될 것이다.

예수님의 말씀대로 역사(歷史)의 종말기적(終末期的)인 신앙(信仰)은 참으로 어려울 것이라는 것을 알고 성경적인 바른 신앙운동을 전개해 나가야 할 것이다 (눅18:8 참고).

> "오직 하나님의 성령으로 이것을 우리에게 보이셨으니 성령은 모든 것 곧 하나님의 깊은 것이라도
> 통달(通達)하시느니라"(고전2:10)

> "너희가 믿음에 있는가 너희 자신을 시험(試驗)하고 너희 자신을 확증(確證)하라 예수 그리스도께서
> 너희 안에 계신 줄을 너희가 스스로 알지 못하느냐?"(고후13:5)

> "예수께서 나아와 일러 가라사대 하늘과 땅의 모든 권세(權勢)를 내게 주셨으니 그러므로 너희는 가
> 서 모든 족속(族屬)으로 제자(弟子)를 삼아 아버지와 아들과 성령의 이름으로 세례(洗禮)를 주고 내가
> 너희에게 분부한 모든 것을 가르쳐 지키게 하라 볼 지어다 내가 세상 끝 날까지 너희와 항상 함께
> 있으리라 하시니라"(마28:18-20)

> "이런 사람은 세상이 감당치 못하도다 저희가 광야와 산중과 토굴에 유리하였느니라"(히11:38)

1

환난과 핍박 중에도 성도는 신앙 지켰네
이 신앙 생각할 때에 기쁨이 충만 하도다
성도의 신앙 따라서 죽도록 충성 하겠네

2

옥중에 매인 성도나 양심은 자유 얻었네
우리도 고난 받으면 죽어도 영광 되도다
성도의 신앙 따라서 죽도록 충성 하겠네

3

성도의 신앙 본 받아 원수도 사랑하겠네
인자한 언어 행실로 이 신앙 전파 하리라
성도의 신앙 따라서 죽도록 충성 하겠네

제2강좌에 대한 복습문제

문제 1.   성경관이 뚜렷해야 한다는 말의 뜻을 간단히 말하라

문제 2.   종교관이 바로 세워져야 한다는 말의 뜻을 간단히 말하라

문제 3.   계시 사상이 분명해야 한다는 말의 뜻을 간단히 설명하라

문제 4.   신학의 발전이라는 말의 참 뜻을 아는 대로 간단히 말하라

문제 5.   현대 자유주의 신학자들의 이름을 5명만 적어 보라

문제 6.   조직신학의 정의를 말하라

문제 7.   자기의 믿음의 실상을 입증해 보라

1

천부여 의지 없어서 손들고 옵니다
주 나를 박대 하시면 나 어디 가리까?

후렴

내 죄를 씻기 위하여 피 흘리셨으니
곧 회개하는 맘으로 주 앞에 옵니다
(믿습니다 믿습니다 구주 믿습니다)

2

전부터 계신 주께서 영 죽을 죄인을
보혈로 구해 주시니 그 사랑 한 없네

3

나 예수 의지 함으로 큰 권능 받아서
주님께 구한 모든 것 늘 얻겠습니다

제03강좌

기독교의
계시

제3강좌

기독교의 계시(啓示)

Revelation of the Christianity

기독교(基督敎)라는 종교는 하나님에 의해서 이루어진 하나님의 종교요 동시에 '계시(啓示) 종교(宗敎)'이기 때문에, 하나님의 계시(啓示, Revelation)에 대한 바른 지식(知識)이 없이는 접근(接近)조차도 할 수 없는 특수성(特殊性)을 가지고 있다.

기독교의 경전(經典, Scripture)인 성경(聖經, The Bible) 자체가 하나님의 계시(啓示)에 의한 계시문서(啓示文書)로서 이를 그대로 받아들이는 믿음이 절대적인 전제(前提)가 된다.

특히 계시사상(啓示思想)은 현대인들에게는 물론 성경의 문서설(文書說, Documents)을 주장하는 자유주의(自由主義)에 속한 신학자(神學者)들의 끈질긴 반대가 계속되고 있으므로, 성경적인 바른 진리운동(眞理運動)을 하려는 보수주의(保守主義)에 속한 신앙인(信仰人)들이나 신학자(神學者)들에게는 가장 우선적(優先的)으로 중요한 문제이다.

✒ ✒ ✒

① 신지식(神知識)에 대한 개관(概觀)
Outline of the knowledge of God

성경(聖經)을 비롯한 기독교 신학(神學)의 바른 이해를 위해서는 하나님에 관한 신지식(神知識, Knowledge of God)이 절대로 필요하다.

우리 인간에게는 선천적(先天的)으로 타고난 본유적(本有的)인 지식(知識)이 있고, 이성적(理性的)으

50

로 자기 노력(勞力)에 의해서 성취한 후천적(後天的)인 지식(知識)이 있고, 거기에 하나님에 의해서 특정인(特定人) 들에게만 주어지는 계시지식(啓示知識)이 있다.

이 모든 지식(知識)들이 하나님에 대한 신지식(神知識)의 가능성(可能性)을 보여주고는 있으나, 하나님의 특별계시(特別啓示)의 방법이 아니고는 하나님께서 구하시는 신지식(神知識)에는 이를 수 없다.

1) 계시(啓示)의 개념(槪念)

하나님의 계시(啓示)란, 하나님께서 친히 베일(Veil)로 가려서 감추어 놓은 하나님의 비밀(秘密)을 그의 종들에게 알려 주시기 위해서 가려진 베일(Veil)을 벗기시고 하나님 자신을 비롯한 하나님의 뜻을 알게 하셔서 하나님께 예배(禮拜)를 드리게 하고 또한 하나님의 일을 하게 해 주셨다는 뜻이 이 계시(啓示)라는 말 안에 다 포함되어 있다.

그러므로 하나님의 계시(啓示)에 대한 바른 이해나 신학적(神學的)인 지식(知識)이 없이는 하나님의 일을 할 수 없다.

여기에서 특히 주의해야 할 것은 하나님의 계시(啓示, Revelation)와 영감(靈感, Spiritual Inspiration)에 대한 문제로서 다음에 구체적인 설명을 하기로 한다.

2) 계시(啓示)의 종류(種類)

계시(啓示, Revelation)란 본래 '하나님께서 베일(Veil)을 벗기시고 그의 종들에게 만 알게 해 주신 하나님의 신지식(神知識)에 관한 것으로서, 여기에는 자연계시(自然啓示, Natural revelation)와 초자연계시(超自然啓示, Super natural revelation)가 있고, 또 일반계시(一般啓示, General revelation)와 특별계시(特別啓示, Special revelation)라는 것이 있다.

그러므로 우리가 하나님에 관한 지식(知識)을 얻기 위해서는 이성적(理性的, Reasonal)인 방법과 영적(靈的, Spiritual) 인 방법이 있다.

51

3) 일반계시(一般啓示)

하나님의 일반계시(一般啓示)에는 성경이 기록(記錄)되기 전부터 인간의 본능(本能, Instinct)으로 하나님을 알게 하는 종교성(宗敎性, Religious)속에 뿌리를 박게 해 주셨다.

그리하여 사람들은 언어(言語)나 사물(事物)이나 자연계(自然界)에 되어진 어떤 사건(事件)을 통해서 하나님의 존재(存在)와, 하나님의 뜻을 알게 하신다.

사람들은 하나님이 주신 일반계시(一般啓示)를 통해서 종교적인 경험(經驗)을 가질 수는 있으나 하나님의 완전(完全)하신 요구의 의지(意志)에 도달(到達)할 수는 없다.

그 이유는 우리가 말하는 일반계시 자체가 불충분(不充分)하고 불완전(不完全)하기 때문이다.

사람에게 있어서 하나님을 향하는 마음은 종교성(宗敎性)의 본능(本能)으로나 일반계시에도 나타나 있다는 것을 알게 한다.

> "바울이 아레오바고 가운데 서서 말하되 아덴 사람들아 너희를 보니 범사(凡事)에 종교성(宗敎性)이 많도다 내가 두루 다니며 너희의 위하는 것들을 보다가 '알지 못하는 신에게'라고 새긴 단(壇)도 보았으니 그런즉 너희가 알지 못하고 위하는 그것을 내가 너희에게 알게 하리라"(행 17:22-23 참고)

4) 특별계시(特別啓示)

하나님의 특별계시(特別啓示, Special revelation)는 하나님께서 우리 인간에게 하나님 자신의 실체(實體, The true nature)를 비롯하여 하나님의 의지(意志, Will)와 구원(救援, Salvation)과 이적(異蹟, Miracle)들을 나타내게 해 주신다.

하나님께서는 그 가운데서도 특히 하나님의 비밀한 계시를 통하여 하나님의 말씀인 성경(聖經, The Bible, Scripture)을 쓰게 하셨다는 것은 모두가 하나님의 특별 계시의 방법이었다.

그러나 현대인들 가운데 기도(祈禱)와 깊은 명상(瞑想)에 빠진 나머지 자기가 하나님께로부터 계시(啓示)를 받았다고 하여 성경 이상의 자리에 올려놓고 사람들을 현혹(眩惑)하고 있으나 이것은 결코 오래가지 못한다는 것을 역사(歷史)는 말해주고 있다.

② 바른 성경관(聖經觀)

기독교인(基督敎人)으로서 바른 성경관(聖經觀, The Biblical view)을 갖는다는 것은 곧 그의 신앙(信仰)과 신학적(神學的)인 바른 사상(思想)을 알게 해 준다.

아무리 뛰어난 신앙인이라고 할지라도 하나님의 말씀인 성경에 대한 바른 이해(理解)가 없이는 결코 바른 믿음에 이를 수 없다.

성경은 곧 하나님의 말씀으로서, 그 주제(主題)는 곧 예수 그리스도시다.

> "하나님의 말씀은 살았고 운동력(運動力)이 있어 좌우에 날 선 어떤 검(劍)보다도 예리(銳利)하여 혼(魂)과 영(靈)과 및 관절(關節)과 골수(骨髓)를 찔러 쪼개기까지 하며 또 마음의 생각과 뜻을 감찰(監察) 하나니"(히4:12)

> "너희가 성경에서 영생(永生)을 얻는 줄 생각하고 성경을 상고(詳考)하거니와 이 성경이 곧 내게 대하여 증거하는 것이로다"(요5:39)

1) 하나님의 특별계시(特別啓示)와 성경(聖經)

하나님의 계시 가운데도 일반계시(一般啓示, General revelation)와 특별계시(特別啓示, Special revelation)가 있다.

그런데 성경은 하나님의 특별계시(特別啓示)에 의해서 기록된 책(冊)이기 때문에, 성경 전체를 두고 '하나님의 말씀'(Words of God)이라고 하는 뜻이 여기에 이다.

성경에 대한 계시사상(啓示思想)은 기독교(基督敎)의 분파작용(分派作用)을 일으키는 제일 원인(原因)이 되기 때문에 바른 신앙(信仰)이나 신학사상(神學思想)을 가지기 위해서는 먼저 하나님의 특별계시(特別啓示)로서의 성경에 대한 '믿음의 고백(告白)'이 전제가 된다는 것을 알아야 한다.

그런데도 특히 주의(注意)해야 할 것은 하나님의 특별계시와 성경에 대한 구분을 할 줄 알아야 한다는 점이다.

이는 신학적(神學的)인 문제로서 바로 정리(整理)하지 않으면 신앙적(信仰的)인 혼선(混線)과 갈등

53

(葛藤)을 일으키게 될 것이다.

그래서 바른 신학사상(神學思想)에 대한 사명(使命)은 크다.

> **"모든 성경은 하나님의 감동으로 된 것으로 교훈과 책망과 바르게 함과 의로 교육하기에 유익하니**
> **이는 하나님의 사람으로 온전케 하며 모든 선한 일을 행하기에 온전케 하려 함이니라"**(딤후3:16-17)

2) 성경(聖經)의 영감(靈感)

하나님의 계시(啓示, Revelation)와 영감(靈感, Spiritual inspiration)은 불가분리적(不可分離的)인 관계를 가지고 있다.

그러나 계시(啓示)와 영감(靈感)은 근본적(根本的)인 차이(差異)를 가지고 있다.

현대인들 가운데는 은사주의(恩賜主義)에 빠져서 이 계시(啓示)와 영감(靈感)을 구분(區分)하지 못하여 개인계시(個人啓示, Individual revelation)를 성경의 권위(權威)보다 앞세우는 잘 못을 저지르고 있는 사람도 없지 않으나, 이에 대한 문제는 특히 주의해야 할 점이다.

천상(天上)에 있는 무형교회(無形敎會, Invisible church)와 지상(地上)에 있는 유형교회(有形敎會, Visible church)의 통일(統一)은 하나님의 말씀인 성경을 중심으로 하고 있기 때문이다.

특히 '우리 교회' 중심의 한국 교회운동은 성경의 영감설(靈感說)과 함께 개인계시(個人啓示)에 대한 문제와, '하나님의 교회'로서 '하나의 교회'라는 교회의 보편성(普遍性)과 통일성(統一性)의 원리(原理)에 대한 교리(敎理)를 바로 알기 위해서 신학적(神學的)인 연구(硏究)가 더 있어야 할 것이다.

> **"가로되 너 보는 것을 책에 써서 에배소 서머나 버가모 두아디라 사데 빌라델비아 라오디게아 일**
> **곱 교회에 보내라 하시기로"**(계1:11)

3) 성경 영감의 성격(性格)과 범위(範圍)

하나님의 성령(聖靈)에 의한 영감(靈感)으로 기록된 성경 영감의 성격(性格, Character)과 범위(範圍, Extent)에 대한 문제도 결코 소홀(疎忽)하게 넘길 수 없는 문제다.

특히 현대인들은 우주(宇宙)의 자연발생설(自然發生說)과 더불어 진화론(進化論)으로 빠져 들고 있어서 하나님의 창조설(創造說)과 함께 성경의 바른 진리(眞理)를 가지고 잘 못된 사상들을 바로잡아주어야 할 책임이 있다.

성경 영감의 성격을 두고 기계적영감(機械的靈感, Mechanical inspiration), 동력적영감(動力的靈感, Dynamical inspiration), 유기적영감(有機的靈感, Organical inspiration) 등 다양(多樣)한 신학적(神學的)인 학설(學說)이 있으나 우리는 여기에서 유기적(有機的)인 영감설(靈感說)을 정론(正論, Right view)으로 받아들인다.

그리고 영감(靈感)의 범위(範圍, Extent)로는 사상영감(思想靈感, Thought inspiration), 부분영감(部分靈感, Partly inspiration), 만전영감(萬全靈感, Perfect inspiration), 축자영감(逐字靈感, Verbal inspiration)등의 학설(學說)이 있으나, 우리는 축자영감설(逐字靈感說)을 정론(正論)으로 믿는다.

대부분의 자유주의(自由主義)에 속한 목사(牧師)들이나 신학자(神學者)들은 성경의 영감설(靈感說)을 받아들이면서도 전체(全體)가 아닌 부분적(部分的)으로만 영감(靈感)을 받아들이기 때문에 성경 전체에 대한 신적(神的)인 권위(權威)가 무너지게 된다.

성경 전체에 대한 믿음이 없으면 이는 자동적으로 성경 기록의 계시설(啓示說)이 아닌 문서설(文書說)로 전락(轉落)하게 된다.

분명히 성경은 우리 기독교의 경전(經典)으로서, 이 성경을 중심으로 믿음이 나오고 교리(敎理)가 나온다.

그러나 더 중요한 것은 우리가 하나님에 대한 바른 지식(知識)을 얻을 수 있다.

③ 성경(聖經)과 한국교회(韓國敎會)
The Bible and Korean church

우리나라 한국 교회는 이 땅에 기독교(基督敎)의 복음(福音)이 들어오기 전에 이미 우리말 성경이 준비(準備)되어 있었다는 것을 한국 교회사를 통해서 알 수 있다.

그것은 하나님의 은혜(恩惠)요 축복(祝福)이라고 할 것이나, 우리 한국을 향한 선교사(宣敎師)들의 피나는 정성(精誠)이었다고 할 것이다.

그런데 공교(工巧)롭게도 우리 한국 교회는 성경에 대한 영감설(靈感說)을 두고 크게 두 갈레로 나누어지는 불행을 안고 있다.

성경의 영감설을 두고 바른 성경관의 사람들은 정통보수주의(正統保守主義)를 지향하는가 하면, 또 다른 한편에서는 소위 자유주의신학(自由主義神學)과 함께 기독교사회주의운동(基督敎社會主義運動, Christian Socialism Movement)을 하고 있어서, 예수께서 말씀하신대로 성경적인 참 믿음을 찾아보기가 어렵게 되었다 (눅18:8 참조).

1) 한국교회(韓國敎會)의 분열(分裂)

우리 한국 교회의 분열상(分裂狀)은 교회사적(敎會史的)인 보편성(普遍性)에서는 찾아볼 수 없는 한국 교회만의 특징적(特徵的)인 의미에서 검토(檢討)되어야 할 것으로 본다.

왜냐하면 사도(使徒)들이 활동하던 시대(時代)로부터 시작하여 속사도(屬使徒)들의 활동시대나 교부(敎父)들이 활동하던 시대의 교회분열상에 비하면 우리 한국 교회의 분열상은 일반 사상적(思想的)으로나 교리적(敎理的)인 것이 아니라, 다분히 정치적(政治的)인 것이나, 감정적(感情的)인 것이나, 이기적(利己的)인 것들이 많았다는 것을 알 수 있다.

그러면서도 성경을 중심으로한 교리상(敎理上)의 문제를 비롯하여 역사적(歷史的)인 환경(環境)에서 몰고 온 이유들로 인해서 분열(分裂)과 혼란(混亂)이 많았는데 그것들 역시 신학적(神學的)으로나 사상적(思想的)으로 어떤 기준(基準)에서 라기보다는 다분히 감정적(感情的)이고 계파적(係派的)인 것들이었지 않는가 하는 아쉬운 마음을 가지게 한다.

초기 선교사(宣敎師)들의 활동시대에는 화해(和解)의 조화(調和) 속에 전도의 효과(效果)가 기대 이상이었다고 할 것이나, 일제(日帝)의 식민탄압(植民彈壓)과 신사참배(神社參拜)의 강요(强要)등은 우리 한국 교회의 분열(分裂)을 걷잡을수 없는 경지로 몰아넣어 버렸다.

그리고 세계 제2차 대전(大戰)이 끝난 다음에는 전쟁(戰爭) 때에 되어 진 과거사(過去事)의 일들로 인해서 새로운 발전을 하기가 어렵게 되었고, 거기에다 1951년 6월 25일에 일어났던 한국전쟁(韓國戰爭)과 전후(戰後)의 한국교회는 또 다른 지역적(地域的)인 분열까지 가세(加勢)하여 교회의 분열상(分裂狀)은 그 가닥조차 잡기가 어려울 정도 였다.

그러나 1974년을 전후하여 민족적(民族的)이고 거국적(擧國的)인 복음화운동(福音化運動)이라든가, 무교회(無敎會) 마을 없애기 운동 등은 새로운 바람을 일으킬 것인가 했더니, 결국은 대교회주의(大敎會主義)에서 '우리교회 운동'으로 발전하게 되어버렸다.

그 결과 지금은 교회가 세상의 모범(模範)이 아닌 원망(怨望)과 지탄(指彈)의 대상으로 전락(轉落)하는 것 같아서 더욱더 안타깝다.

이렇게 된 이유가 여러 가지로 분석될 것이나, 가장 중요한 것은 우리 한국교회의 목회자(牧會者)들을 비롯하여 신학자(神學者)들과 지도자(指導者)들의 자질(資質)에서 원인(原因)을 찾아야 할 것으로 본다.

그리고 교회운동의 방법이 부흥회(復興會) 같은 것이라고 한다면 이것 역시 반성(反省)의 의미에서 재검토(再檢討) 되어야 할 것이다.

우리 한국교회가 부흥집회운동(復興集會運動)을 통하여 외적(外的)이고 양적(量的)으로는 크게 성장(成長)하여 세계의 자랑이 되었다고 할지라도, 그것이 어느 순간에 모래성처럼 무너져 버리고 상처(傷處)의 흔적(痕迹)만을 키워 놓았다.

부흥사(復興師)를 자처(自處)하는 사람들의 맹성(猛省)을 촉구하는 바이다.

단상에서 말을 잘 한다고 하여 부흥사(復興師)가 되는 것이 아니라, 하나님께로부터 불으심과, 세우심과, 보내심을 받아야 한다.

> **"내가 네 행위와 수고와 네 인내를 알고 또 악한 자들을 용납지 아니한 것과 자칭 사도라 하되 아닌 자들을 시험하여 그 거짓된 것을 네가 드러낸 것과 또 네가 참고 내 이름을 위하여 견디고 게으르지 아니한 것을 내가 아노라 그러나 너를 책망할 것이 있나니 너의 처음 사랑을 버렸느니라 그러므로 어디서 떨어진 것을 생각하고 회개하여 처음 행위를 가지라 만일 그리하지 아니하고 회개치 아니하면 내가 네게 임하여 네 촛대를 그 자리에서 옮기리라"** (계2:2-5)

2) 한국교회(韓國敎會)와 국가적(國家的)인 사회(社會)의 환경(環境)

한국교회의 현재가 내적(內的)으로는 신앙(信仰)과 신학적(神學的)으로 자질미흡(資質未洽)에서 오는 진리(眞理)의 실종기적(失踪期的)인 현실(現實)에 놓여있다,

외적(外的)으로는 경제(經濟)를 중심으로 하는 사회적(社會的)인 통념(通念)에다, 모든 것을 정치중심 中心)으로 풀어가려는 국가적(國家的)인 형태를 극복하지 못한 몸부림 속에 빠져있다고 진단할 것이다.

솔직하게 말해서 우리 한국교회는 경제적인 빈곤(貧困) 속에서 성장(成長)해 왔다.

그리하여 교회의 재정력(財政力)이 약해지면 부흥회(復興會)를 해야 한다는 당위론(當爲論)이 결국은 부흥집회 자체가 모금수단(募金手段)으로 발전(發展)하여 오늘에 이르고 말았다.

목사(牧師)들이 모이는 부흥회(復興會)나 특별집회(特別集會)치고, 돈을 전제로 하지 않은 것이 있다면 하나님 앞에서 자신 있게 말해 보라.

신앙의 양상(樣相)은 기복적(祈福的)이고 은사주의(恩賜主義)로 전락해 버렸으며, 정치(政治)라는 것을 둘러업고 정치체재(政治體裁) 속에 말려들어가 버렸다.

동방의 예루살렘이라고 하던 북한(北韓)의 평양성(平壤城)은 공산당(共産黨)의 활동 본거지(本據地)가 되어 버렸고, 북한(北韓)의 동포(同胞)들은 공산치하(共産治下)에서 신앙의 자유(自由)를 그리워하며 목숨을 걸고 하나님께 부르짖고 있다.

그런데도 우리 한국교회는 정치(政治)의 놀음에 말려들어서 성경에서 말씀하고 있는 참 진리(眞理)의 근처(近處)에도 못 가고 있다.

정치적(政治的)인 통치이념(統治理念)의 사상적(思想的)으로 용공(容共)이니, 친북(親北)이니 공산주의(共産主義)니 하지만 참 성경의 진리(眞理)에서는 너무도 멀리 떨어져 있다.

> "그런즉 너희는 너희 길과 행위를 고치고 너희 하나님 여호와의 목소리를 청종하라 그리하면 여호와께서 너희에게 선고하신 재앙에 대하여 뜻을 돌이키시리라"(렘26:13)

> "진리를 알지니 진리가 너희를 자유케 하리라"(요8:32)

3) 한국교회(韓國敎會)의 신학적(神學的)인 뿌리

우리 한국교회는 장로교회(長老敎會)라는 간판(看板)이 거의 상식화(常識化)되어 있다.

1984년 4월 5일, 부활주일(復活主日)날 경기도 인천(仁川)에 있는 제물포(濟物浦)의 부두(埠頭)를 통해서 개신교(改新敎)의 선교사(宣敎師)로 미국(美國) 북 장로교(長老敎)의 선교부(宣敎部)에서 파송(派送)해 온 언더우드(Underwood H. G.: 1859-1916) 목사(牧師)와, 역시 미국(美國) 북 감리교회(監理敎會)의 선교부(宣敎部)에서 파송(派送)한 아펜젤라(Appenzeller, Henry Gerhard: 1858-1902) 목사부부(牧師夫婦) 등 세 사람에 의해서 한국의 개신교회(改新敎會)가 시작되었다.

그런데도 유독 장로교가 양적팽창(量的膨脹)을 보게 된 것은 확고(確固)한 신학적(神學的)인 배경(背景)과 복음주의적(福音主義的)인 전도활동(傳道活動)에 주력(注力)을 했고, 감리교회는 교육적(敎育的)이고 문화적(文化的)인데 주력(注力)을 한데다 아펜셀라 선교사가 언더우드 선교사보다 14년 앞서 죽었기 때문이라고 할 것이다.

그리하여 우리 한국교회는 장로교의 교리(敎理)를 바탕으로 하고 청교도적(淸敎徒的)인 믿음과, 성경적(聖經的)인 복음주의(福音主義)의 신앙운동을 전개해 왔기 때문에 오늘의 한국교회를 낳게 되었다.

이런 의미에서 생각해 볼 때에 우리 한국교회는 칼빈주의적인 성경신학(聖經神學)의 뿌리에 청교도적(淸敎徒的)인 신앙(信仰)을 그 뿌리로 했기 때문에 2천년 기독교사(基督敎史)에 새로운 선교(宣敎)의 금자탑(金字塔)을 이루게 되었고, 또한 미래(未來)의 세계교회를 책임(責任)져야 할 사명(使命)을 향해서 가게 되었다.

한국교회가 세계 기독교사에 남겨줄 것은 죽도록 충성하라고 하신 주님의 말씀을 따라서 한결같이 역사시대(歷史時代)의 고난(苦難)과 위기(危機)를 순교(殉敎)의 죽음으로 바쳐드렸기 때문에 오늘의 한국교회가 있다고 할 것이다.

그런데도 지금 우리 한국교회는 세상 사람들의 지탄(指彈)과 욕설(辱說)을 받고 있다.

이는 시대적인 변천의 탓이라고도 할 것이나, 먼저 목사(牧師)들의 자질(資質)부터 검토(檢討)해야 할 것이다.

일반적(一般的)인 수준(水準)에도 미치지 못한 사람이 '나도 목사(牧師)다'라고 한다면 전체적인 기독교의 모습은 어디에서 찾아야 할 것인가?

외람(猥濫)된 마리오나 한국 교회의 목사(牧師)들이 진심으로 회개하고 본연(本然)의 자기로 돌

59

아가지 않는 한 더 이상 기대는 없다.

"너희 제사장들아 이제 너희에게 이 같이 명령하노라 만군의 여호와가 이르노라 너희가 만일 듣지 아니하며 마음에 두지 아니하여 내 이름을 영화롭게 하지 아니하면 내가 너희에게 저주를 내려 너희의 복을 저주 하리라 내가 이미 저주하였나니 이는 너희가 그것을 마음에 두지 아니하였음이니라"(말1-2).

제3강좌에 대한 복습문제

문제 1.   신지식이란 무엇에 대한 말인가를 말하라

문제 2.   계시라는 말의 뜻을 간단히 설명하라

문제 3.   계시에는 어떤 종류들이 있는가를 말하라

문제 4.   바른 성경관이 왜 필요한가를 간단히 말하라

문제 5.   성경의 영감에 대해서 간단히 말하라

문제 6.   성경에 대한 영감의 성격과 범위를 간단히 말하라

문제 7.   한국교회의 현실을 간단히 말하라

문제 8.   한국교회의 신학적인 뿌리에 대해서 간단히 말하라

문제 9.   우리나라에 처음으로 들어온 선교사들에 대해서 간단히 말하라

문제 10. 우리 한국교회의 양적성장과 그 내용을 간단히 말하라

문제 12. 참 기독교 운동은 성경적이어야 한다는 뜻을 간단히 말하라

문제 13. 자신이 생각하는 한국교회의 현실에 대하여 간단히 말하라

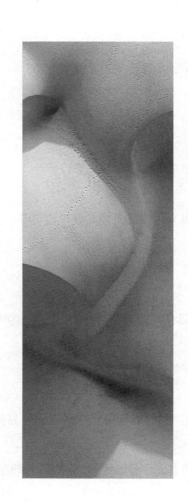

제04강좌

신론에
대한
연구

신론(神論)에 대한 연구(研究)
Study for Doctrine of God

우리 인간(人間)이 감히 하나님에 대하여 연구(研究)를 한다는 것은 주재에 넘친 말이라고 할 것이다.

그러나 인간에게는 인간의 속성(屬性)을 중심으로 선천적(先天的)으로 타고난 본유적(本有的)인 지식(知識)과, 후천적(後天的)으로 이성(理性)을 중심으로 노력(努力)에 의한 후천적(後天的)인 지식(知識, Knowledge)외에, 하나님께서 그의 사랑하시는 하나님의 사람에게만 주신 계시지식(啓示知識)이라는 것이 있다.

그리하여 우리는 특별히 하나님의 영적(靈的)인 감동(感動)과 계시(啓示)를 통해서 주신 성경을 중심으로 하나님에 대한 것을 알 수 있다.

그러나 분명한 것은 우리가 말하는 하나님에 대한 지식(知識)은 완전한 것이 아니라, 하나님께서 주신 성경의 진리(眞理) 안에서만 가능(可能)한 것이고, 그 이상은 하나님의 비밀(秘密) 속에 묻어두고, 하나님께서 알게 해주신 범위 안에서만 알아보는 것이다.

✦ ✦ ✦

① 하나님의 존재(存在)에 대하여
The being (existence) of God

64   "믿음으로 모든 세계가 하나님의 말씀으로 지어진 줄을 우리가 아나니 보이는 것은 나타난 것으로

말미암아 된 것이니 아니니라"(히11:3)

"믿음이 없이는 기쁘시게 못 하나니 하나님께 나아가는 자는 반드시 그가 계신 것과 또한 그가 자기를 찾는 자들에게 상 주시는 이심을 믿어야 할지니라"(히11:6)

하나님의 존재(存在)에 대한 지식(知識)은 결코 '경험(經驗)의 지식(知識)'이 아니라 '믿음의 지식(知識)'이라는 것을 전제로 한다.

그리고 하나님께 나아가는 자 곧 믿는 자라고 하면 우선 영원(永遠)히 살아계신 하나님의 존재(存在)를 전제로 해야 할 것과, 그 하나님의 기쁘심 곧 하나님의 영광(榮光)을 조건(條件)으로 하고 나아가야 한다는 것을 성경은 미리 말씀 해 주고 있다.

그리고 부디 신(神)의 존재를 증명(證明)하기 위해서는 이성적(理性的)인 증거(證據)로서, 존재론적증거(存在論的證據, Ontological argument)를 비롯하여, 우주론적증거(宇宙論的證據, Cosmological argument), 목적론적증거(目的論的證據, Teleological argument), 도덕적증거(道德的證據, Moral argument), 역사적증거(歷史的證據, Historical argument), 그리고 경험적증거(經驗的證據, Experience argument)등을 들어서 하나님의 존재를 증명하려고 할 것이다.

그러나 그 모든 것들은 하나의 유추적(類推的)인 가정(假定)에 의한 것들로서, 어디까지나 생득적(生得的)이고 본유적(本有的)인 이성적지식(理性的知識)에 의한 학설(學說)들로서 바른 정답(正答)에 이를 수 없다.

그러므로 이에 대하여 먼저 다음과 같이 나누어서 연구에 임하는 것이 옳을 것이다.

1) 종교성(宗敎性)을 기초(基礎)로 한 본유적 지식(本有的知識)

하나님 닮음의 사람에게는 처음 태어날 때부터 선천적(先天的)이고 본유적(本有的)인 지식(知識)이 있어서, 그것으로 하나님에 대한 상식적(常識的)이고 습관적(習慣的)인 지식(知識)을 바탕으로 사람에게만 있는 종교성(宗敎性)을 나타낸다.

그것이 천부적(天賦的)으로 타고난 본능적(本能的)인 종교성(宗敎性)에서 나온 것이어서 종교적(宗敎的)인 행위로 나타나기는 하나 어떤 경전(經典)에 의한 것이 아니므로 미신(迷信, Superstition)으로

65

끝나 버린다.

그런데도 그것이 하나의 풍속(風俗)으로 자리를 잡게 되는 것은 인간들이 갖는 종교성(宗敎性, Religious)때문이라고 할 것이다.

결국 종교성(宗敎性)의 본능(本能)에 의한 본유적(本有的)인 지식(知識)은 자연종교(自然宗敎, General religion)에 까지는 유도(誘導)할 수 있으나, 하나님을 만나는 계시종교(啓示宗敎, Revelation religion)에는 이를 수 없다는 취약성(脆弱性)을 가지고 있다.

이 말을 바꾸어서 다른 말로 표현한다면, 아무리 출중한 철학자(哲學者)라고 할지라도 본유적(本有的)인 지식(知識)만으로는 결코 하나님께 도달할 수 없다는 것을 알 수 있다.

2) 이성적(理性的)인 연구(硏究)를 통한 후천적 지식(後天的知識)

사람에게 주어진 교육적(敎育的)인 본능(本能)은 후천적(後天的)인 지식(知識)의 수준(水準)을 가려주는 방법이 될 것이다.

그러나 하나님을 향한 믿음(Faith)이나 지식(知識, Knowledge)은 결코 사람의 이성적(理性的)인 판단(判斷)이나 노력(勞力)에서 얻어지는 지식적(知識的)인 문제가 아니라, 하나님의 주권적(主權的)인 의지(意志)와 사랑의 은혜(恩惠)로 인간에게 베푸신 하나님의 은사(恩賜) 곧 하나님의 선물(膳物)로서 되어질 뿐이다.

특히 예수를 믿는 그리스도인들에게는 하나님의 뜻을 이루어 드리기 위해서 더 많은 노력(勞力)과 연구(硏究)로 후천적(後天的)인 지식(知識)을 계속적으로 쌓아야 올려야 한다.

그러나 그것이 하나님의 일을 더 잘하기 위한 목적(目的)이 분명할 때에 하나님께서 각인(各人)에게 은혜(恩惠)의 선물(膳物)로 주실 때에만 가능(可能)하다는 믿음을 전제로 한다.

아무리 뛰어난 학문(學問)의 지식(知識)이 출중(出衆)하다고 할지라도, 믿음의 실상(實狀)이 없는 사람은 결코 하나님의 뜻과 요구에 이를 수 없다.

우리 인간들을 향하신 하나님의 요구(要求)는 우리 인간의 지식(知識, Knowledge)이 아니라 하나님을 향한 진실한 믿음이다.

그러므로 후천적(後天的)인 지식(知識)이 하나님의 종들에게 필수적(必須的)이기는 하나, 절대적(絶對的)인 것은 될 수 없다.

66

우리를 향하신 하나님의 뜻은 우리의 '믿음(Faith)'에 있다.

> "믿음은 바라는 것들의 실상(實狀)이요 보지 못한 것들의 증거(證據)니 선진(先進)들이 이것으로 증거
> (證據)를 얻었느니라"(히11:1-2)

3) 성령(聖靈)에 의한 계시 지식(啓示知識)

여기에서 말하는 계시지식(啓示知識, Revelation knowledge)이란 하나님의 성령(聖靈)의 알게 해 주심에서 얻은 지식(知識)으로서, 첫째는 성경에 대한 바른 지식(知識)이요, 다음에는 하나님의 신비(神秘)를 통한 이적(異蹟, Miracle)같은 경험(經驗)이라고 할 것이다.

성경은 이것을 '믿음의 실상'(Substance of faith)이라고 했다(히11:1).

예수께서는 역사종말기(歷史終末期)의 성도(聖徒)들과 그의 종들에게 믿음의 기적(奇蹟)을 보장해 주셨다 (막16:17-18 참조).

그러므로 성경에서 말씀하고 있는 하나님에 대한 증거(證據)는 하나님께서 그의 성령(聖靈)을 통하여 우리에게 친히 보여주시고 알게 해 주신 지식(知識)이기 때문에 이보다 더 확실(確實)한 증거(證據)는 있을 수 없다.

그래서 성경(聖經)을 더 열심히 상고(詳考)해야 한다.

성령은 '진리의 영(靈)'(The Spirit of Truth)으로서 하나님의 비밀(秘密)까지도 통달(通達)하시는 제3위 하나님이시다.

> "오직 하나님의 성령으로 이것을 우리에게 보이셨으니 성령은 모든 것 곧 하나님의 깊은 것까지도
> 통달(通達)하시느니라"(고전2:10)

그러므로 우리는 더 많이 기도(祈禱)하고 하나님께 간구(懇求)하여 먼저 성령(聖靈)의 능력(能力)을 힘입는 믿음의 사람이 되어야 한다.

그리고 그 성령(聖靈)께서 주시는 능력(能力)을 힘입고 하나님의 일을 하는 하나님의 사람이 되어야 한다.

'나'라고 하는 자신은 언제나 약(弱)하디 약한 존재일 뿐이다.

67

그러나 예수 그리스도께서 내게 주신 능력(能力)을 힘입고 하나님의 일에 충성(忠誠)을 다 해야 할 것이다.

> "예수께서 그의 열두 제자를 부르사 더러운 귀신(鬼神)을 쫓아내며 모든 병(病)과 모든 약(弱)한 것을 고치는 권능(權能)을 주시니라"(마10:1)

> "믿는 자들에게는 이 같은 표적이 따르리니 곧 그들이 내 이름으로 귀신(鬼神)을 쫓아내며 새 방언(方言)을 말하며 뱀을 집어 올리며 무슨 독(毒)을 마실지라도 해(害)를 받지 아니하며 병(病)든 사람에게 손을 얹은 즉 나으리라"(막16:17-18)

그런데 현대 교회의 지도자(指導者)들과 목회자(牧會者)들이 자기의 실력(實力)을 축적(蓄積)하기 위해서 노력하는 모습이 보이지 않고 멀리 사라져버렸다는 것은 참으로 아쉬운 일이라고 아니 할 수 없다.

> "제사장의 입술은 지식(知識)을 지켜야 하겠고 사람들은 그의 입에서 율법(律法)을 구해야 할 것이니 제사장은 만군의 여호와의 사자가 됨이거늘 너희는 옳은 길에서 떠나 많은 사람이 율법(律法)을 거스르게 하는도다 나 만군의 여호와가 이르노니 너희가 레위의 언약(言約)을 깨뜨렸느니라"(말2:7-8)

❡ ❡ ❡

② 하나님의 본질(本質)
Essential nature of God

우리가 하나님의 본질(本質, Essence)을 사람이 논(論)한다는 것은 감히 있을 수 없는 일이다.

그러나 하나님께서 성경 말씀을 통하여 우리에게 알려주신 범위(範圍) 안에서는 반드시 알아야 하나님에 대한 바른 인식(認識)과 바른 믿음에 이를 수 있다.

성경(聖經)에 대한 바른 지식(知識)이 없는 사람들은 하나님에 대한 바른 지식(知識)이 없기 때문에 하나님을 어떤 유형물(有形物)의 존재(存在)로 오인(誤認)하여 우상(偶像)으로 만들어서 섬기기도 하고, 막연히 관념(觀念) 속에 사유(思惟)하는 대상으로 알고 있으나, 성경(聖經)은 분명히 하나님의 존재(存在)와 본질(本質)에 대하여 분명히 말씀 해주고 있다.

1) 하나님은 영(靈)이시다

우리가 믿는 하나님을 영(靈, The Spirit)이시라고 하는 것은 어떠한 형상(形象)으로든지 모형(模型)을 만들어서 섬겨야 할 대상의 신(神)이 아니라는 것을 전제로 하는 말이다.

자연신론자(自然神論者)들이나 범신론자(汎神論者)등은 어떠한 형식(形式)으로든지 신(神)의 모양(模樣)을 만들어서 표현하려고 한다.

그러나 이것들은 다 하나님께서 가장 미워하시고 싫어하시는 우상(偶像, Idol)일 뿐이다.

예수께서 친히 '하나님은 영(靈)시니'라고 말씀하신 대로(요4:24), 하나님을 어떠한 경우에도 어떤 모형(模型)으로 만들어서는 안 된다.

그러므로 성경은 하나님의 존재(存在) 같은 것을 증언(證言)하려고 하지 않고, 성경은 처음부터 하나님의 존재를 선포(宣布, Declaration)하고 시작했다는 것을 알 수 있다.

우리는 신학(神學)을 공부함에 있어서 어느 신학자(神學者)의 학설(學說)을 중심으로 할 것이 아니라, 처음부터 끝까지 하나님의 말씀인 성경(聖經)을 중심으로 신학적(神學的)인 사상(思想)과 이론(理論)을 찾아내야 한다.

"태초에 하나님이 천지를 창조 하시니라"(창1:1).

그리고 그 하나님께서는 순결(純潔, Purity)한 영(靈, Spirit)이시라고 함으로써, 영기적(靈氣的)이라는 표현이나, 순화(純化)한 육체(肉體)를 소유한 신(神)이라고 주장했든 초기 노스틱(Gnosis)주의자들이나 신비주의(神秘主義)에 속한 사람들의 신(神)에 대한 개념(概念)을 단호히 거부한다.

이런 뜻에서 특히 개혁주의(改革主義)에 속한 교회(敎會)들이라면 하나님께 예배(禮拜)를 드리는 예배당(禮拜堂) 안에 어떠한 인조물(人造物)의 설치(設置)를 반대한다.

예배당(禮拜堂) 안에 인조물(人造物)을 부착(附着)하거나 설치(設置)하는 일은 '하나님은 영(靈)'이시라는 하나님에 대한 바른 이해가 없거나, 성상숭배(聖像崇拜)를 합리화(合理化)하는 로마 카톨릭 교회의 잘 못을 범(犯)하는 행위(行爲)일 뿐이다.

"우주(宇宙)와 그 가운데 있는 만유(萬有)를 지으신 신(神)께서는 천지의 주재(主宰)시니 손으로 지은 전(殿)에 계시지 아니하시고 또 무엇이 부족한 것처럼 사람의 손으로 섬김을 받으시는 것이 아니니 이는 만민에게 생명(生命)과 호흡(呼吸)과 만물(萬物)을 친히 주시는 자이심이라 인류 의 모든 족속(族屬)을 한 혈통(血統)으로 만드사 온 땅에 거하게 하시고 저희의 연대(年代)를 정하시며 거주(居住)의 경계를 한(限)하셨으니 이는 사람으로 하나님을 혹 더듬어 찾아 발견케 하려 하심이로되 그는 우리 각 사람에게서 멀리 떠나 계시지 아니 하도다 우리가 그를 힘입어 살며 기동(起動)하며 있느니라 너희 시인(詩人) 중에도 어떤 사람들의 말과 같이 '우리가 그의 소생(所生)이라'하니 이와 같이 신(神)의 소생이 되었은즉 신(神)을 금(金)이나 은(銀)이나 동(銅)에다 사람의 기술(技術)과 고안(考案)으로 새긴 것들과 같이 여길 것이 아니니라 알지 못 하던 시대에는 하나님이 허물치 아니 하셨거니와 이제는 어디든지 사람을 다 명하사 회개(悔改)하라 하셨으니 이는 정하신 사람으로 하여금 천하를 공의(公義)로 심판(審判)할 날을 작정하시고 이에 저를 죽은 자 가운데서 다시 살리신 것으로 모든 사람에게 믿을만 한 증거(證據)를 주셨음 이니라 하니라"(행17:24-31)

2) 하나님은 인격적(人格的)이시다

인격(人格, Personality)이란 인간의 이성(理性, Reason)에서 나오는 지식(知識)과 감정(感情)과 의지(意志)를 뜻하는 말인데, 우리가 믿는 하나님께서는 참 영(靈)이시면서, 또한 사람들이 갖는 인격적(人格的)인 요소(要素)를 다 갖추고 계신 살아계신 하나님이시라는 것을 나타내는 말이다.

만약에 하나님의 인격성(人格性)을 부인(否認)하게 되면, 하나님을 모든 존재(存在)의 무의식적(無意識的)인 원인(原因)이나 세계의 보편적(普遍的)인 하나의 원리(原理)로 알게 될 것이다.

그리고 나아가서는 우주(宇宙)의 모든 목적(目的)등으로 해석(解釋)을 하게 되어, 하나님을 신(神) 것이다.

하나님의 인격성(人格性)은 인간의 본능(本能, Instinct)이나 세계의 역사(歷史)에서나 우주(宇宙)의 자연질서(自然秩序) 안에서 얼마든지 설명(說明)될 수 있다.

그리하여 우리가 믿는 하나님은 1년에 몇 차례씩 물밥이나 얻어먹는 잡신(雜神)이 아니라, 우리 인간이 갖는 희노애락애오욕(喜怒哀樂愛惡慾)의 인간이 갖는 칠정(七情)과 함께 인간이 갖는 인격성(人格性)을 가지고 섭리(攝理)와 통치(統治)에 임하시는 살아계신 하나님이시다.

하나님에 대한 바른 지식(知識)의 개념(概念)은 그의 믿음과 함께 생활신앙(生活信仰)에 적극적(積極的)인 요소(要素)로 작용(作用)하게 될 것이다. 특히 하나님과 나와의 신앙적인 관계에서 살아계

70

신 하나님을 '아버지'로 믿는다는 성경적인 참 믿음은 금은보화(金銀寶貨)로도 바꿀 수 없다는 것을 알게 될 것이다.

하나님의 인격성(人格性)과 그의 사역에 대한 활동방식의 모든 것에 대한 것들은 다음에 삼위일체(三位一體) 하나님에 대한 교리(敎理)의 설명에서 더 자세하게 구체적으로 설명을 하게 될 것이다.

3) 하나님은 무한완전(無限完全)하신 신(神)이시다

하나님의 무한완전(無限完全, Eternal perfection)은 하나님의 편재(遍在, Omnipresence)와 함께 설명되어야 할 것이다.

영원(永遠)하시고 무한존재(無限存在)의 하나님께서는 또한 무엇에나 완전(完全, Perfection)하셔서 어느 것 하나에 이르기까지 실수(失手)나 잘 못하심이 없으시다는 말이다.

우리가 말하는 믿음의 조상(祖上) 아브라함의 신앙(信仰)의 특징(特徵)을 '순종신앙(順從信仰)'이라고 할 것이나, 그 신앙의 원리(原理)는 '언약신앙(言約信仰)'에 뿌리를 박고 있다는 것을 알 것이다.

그런데 그 아브라함의 신앙이 언약신앙(言約信仰, Covenant Faith)이라고 하는 것은 하나님의 완전무한성(完全無限性)을 믿었던 믿음과도 상관이 있다는 것을 알게 한다.

하나님의 전지전능(全知全能)이나, 영원무궁(永遠無窮)하신 하나님에 대한 진리(真理)는 하나님의 무한(無限)하시고 완전(完全)하신다는 진리를 기초로 하고 시작되었다는 것을 알 수 있다.

동시에 우리가 믿는 하나님께서는 시간적(時間的)으로나 공간적(空間的)으로 모든 제한(制限)을 초월(超越)하신 신(神)으로서 그의 성도(聖徒)들과 함께 해 주신다.

그러한 하나님께서는 그의 무한(無限)하시고 완전(完全)하심 안에서 성도(聖徒)들과 언약(言約)을 베푸시고, 섭리(攝理)로 지키시고 다스려 주시기 때문에 이러한 하나님의 신실(信實)하심을 믿고 모든 것을 맡길 수 있다.

우리들이 '살아계신 하나님'을 '아버지'로 믿는 다는 것은 최상(最上)의 특혜(特惠)요 특권(特權)이다.

숨을 쉬는 공기(空氣)의 가치(價値)가 너무도 크기 때문에 그의 은덕(恩德)을 모르는 것처럼, 하나님의 사랑이 너무도 크고 값지기 때문에 우리 인간은 무의식적(無意識的)으로 넘겨버린다. 71

그러나 한 가지 분명히 기억해야 할 것은 살아계신 하나님의 활동에 대한 것이다.

> "하나님은 약속을 기업으로 받는 자들에게 그 뜻이 변치 아니함을 충분히 나타내시려고 그 일에 맹세로 보증하셨나니 이는 하나님이 거짓말을 하실 수 없는 이 두 가지 변치 못할 사실을 인하여 앞에 있는 소망을 얻으려고 피하여 가는 우리로 큰 안위(安慰)를 받게 하려 하심이라"(히 6:17-18)

> "여호와여 신(神) 중에 주와 같은 자 누구니이까? 주와 같이 거룩함에 영광스러우며 찬송할만한 위엄이 있으며 기이한 일을 행하는 자 누구이니이까?"(출15:11)

4) 하나님은 영원(永遠)히 살아계신 신(神)이시다

하나님은 영원(永遠, Eternity)히 살아계신 신(神)이시다는 말은, 하나님의 무시무종성(無始無終性)을 나타내는 말로서, 우리가 믿는 하나님께서는 시작(始作)도 끝도 없으신 스스로 계신 자존재(自存在)의 신(神)으로서, 천상천하(天上天下)에 유일(唯一)하신 신(神)이시라는 것을 이르는 말이다.

그러므로 하나님께서는 그의 백성들에게 첫 번째로 주신 계명(誡命)에 말씀하시기를, "나 외에는 다른 신(神)들을 네게 있게 말지니라"라고 하셨다(출20:3).

이 말씀은 하나님의 유일성(唯一性)에 대한 말씀인데 비하여, 성경은 또 하나님의 살아계심에 대하여 여러 가지로 말씀 해 주셨다.

> "시몬 베드로가 대답하여 가로되 주는 그리스도시오 살아계신 하나님의 아들이시니이다"(마16:16)

> "가로되 여러분이여 어찌하여 이러한 일을 하느냐? 우리도 너희와 같은 성정(性情)을 가진 사람이라 너희에게 복음을 전하는 것은 이 헛된 일을 버리고 천지와 바다와 그 가운데 만유(萬有)를 지으시고 살아계신 하나님께로 돌아오라 함이라"(행14:15)

그리고 또 성경은 영원(永遠)하신 무시무종(無始無終)의 하나님에게만 처음(Beginning)과 나중(End)이 있고, 시작과 끝이 있다는 말씀으로 '나는 알파와 오메가'라고 말씀해 주고 있다.

> "주 하나님이 가라사대 나는 알파와 오메가요 이제도 있고 전에도 있었고 장차 올 자요 전능한 자

라 하시더라"(계1:8)

"또 내게 말씀하시되 이루었도다 나는 알파와 오메가요 처음과 나중이라 내가 생명수(生命水) 샘물로 목 마른자에게 값없이 주리니"(계21:6)

"나는 알파와 오메가요 처음과 나중이요 시작과 끝이라"(계22:13)

그러므로 예수 그리스도를 구주(救主)로 믿고, 살아계신 하나님을 아버지로 믿는 자는 영원히 죽지 않고 살 것임을 약속(約束)해 주셨다.

"하나님은 죽은 자의 하나님이 아니요 산 자의 하나님이시라 너희가 크게 오해(誤解)하였도다 하시니라"(막12:27)

"하나님은 죽은 자의 하나님이 아니요 산 자의 하나님이시라 하나님에게는 모든 사람이 살았느니라 하시니라"(눅20:38)

하나님은 영원히 살아 계신다.
그 하나님께서 나와 함께 하신다.
나는 그 하나님을 위해서 일을 한다.

🌿 🌿 🌿

③ 하나님의 속성(屬性)
Attributes of God

우리 인간들이 어떻게 하나님의 속성(屬性, Attribute)을 알 수 있겠는가 만은, 하나님께서는 하나님의 말씀인 성경을 통해서 그의 성도(聖徒)들에게 자기의 속성(屬性)만이 아니라, 그의 계획(計劃)하시는 의지(意志)까지도 알게 해 주셨다.

하나님께서는 우리 믿음의 조상(祖上) 아브라함에게 소돔 고모라 성(城)을 불로 심판(審判)하려

73

고 하실 때에 그의 사자(使者)들에게 이르시기를, **"여호와께서 가라사대, 나의 하려는 것을 아브라함에게 숨기겠느냐?"**라고 하셨다 (창18:17).

우리가 신학적(神學的)으로 하나님의 속성(屬性)에 대한 것을 알기 전에, 하나님의 성품(性品)은 너무도 완벽(完璧)하시되, 그가 하시려는 일들을 숨기심이 없이 그의 종들에게 알게 해 주시는 하나님의 본심(本心)을 알게 해 주신다.

그리고 하나님의 속성(屬性)은 크게 두 가지로 나누어서 절대적(絕對的)인 속성(屬性)과, 보편적(普遍的)인 속성(屬性)이 있다는 것을 알고, 그 속성(屬性)들 안에서 하나님의 성품(性品)을 알아보려고 한다.

그리고 이 하나님의 절대적(絕對的)인 속성(屬性)은 우리 인간의 믿음을 확신(確信)케 하고 더 강화(强化)시켜주는 작용(作用)을 해 준다.

1) 하나님의 절대적(絕對的)인 속성(屬性)
Incommunicable Attributes of God

하나님의 속성(屬性)에는 우선 절대적(絕對的)인 속성(屬性)이 있는데 이는 하나님만의 성품(性品)으로서, 인간으로서는 향유(享有)할 수 없는 성품이다.

그리하여 하나님의 절대적(絕對的)인 속성(屬性)으로는 하나님의 독립성(獨立性)과, 하나님의 자존성(自存性)과, 하나님의 불변성(不變性)과, 하나님의 무변성(無變性)과, 하나님의 단순성(單純性)을 드러내 주고 있다.

그러므로 우리 인간이 하나님 앞에 나아가기 위해서는 이러한 하나님의 절대적(絕對的)인 속성(屬性)을 믿고, 맡기고, 의지(意志)하여 나아가게 되는 것이다.

믿음의 조상(祖上) 아브라함이 하나님의 부르심을 받았을 때에 무조건(無條件) 하나님의 명령(命令)에 순종(順從)하고 따랐던 것은 하나님의 절대적(絕對的)인 속성(屬性)을 그대로 믿었기 때문이었다는 것을 알 수 있다 (창12:1, 히11:8, 행7:2-4).

아브라함의 순종(順從)하는 신앙(信仰)이야 말로 하나님의 약속(約束)을 확신(確信)했던 언약신앙(言約信仰)으로서, 이는 곧 하나님의 절대적(絕對的)인 속성(屬性)을 조금도 의심(疑心)하지 않고 확실히 믿었기 때문이었다.

74

우리가 하나님을 믿는다고 하는 것도 아브라함(Abraham)의 경우와 조금도 다를 것이 없다. 믿음이란 때와 상황(狀況)에 따라서 변개(變改)하는 것이 아니라, 죽을 때까지의 지킴이다.

2) 하나님의 보편적(普遍的)인 속성(屬性)
Communicable Attributes of God

하나님의 보편적(普遍的)인 속성(屬性)은, 하나님의 속성(屬性)을 뿌리로 하고, 그의 사랑하는 성도(聖徒)들에게 은혜(恩惠)의 선물(膳物)로 나누어주시는 하나님의 사랑의 표현방식으로 쓰시는 속성(屬性)이라고 해야 할 것이다.

하나님의 지식(知識), 하나님의 지혜(智慧), 하나님의 선(善), 하나님의 사랑으로서 곧 하나님의 은총(恩寵), 하나님의 긍휼(矜恤), 하나님의 인내(忍耐), 하나님의 거룩, 하나님의 의(義), 하나님의 진실(眞實), 하나님의 구원(救援)등이 모두 하나님의 보편적(普遍的)인 속성(屬性)에 근거하여 그의 성도들에게 베풀어 주신다.

그런데도 하나님의 보편적(普遍的)인 속성(屬性)으로 주시는 하나님의 속성(屬性)이 일반윤리(一般倫理, General Ethics)에서 말하는 것들과는 달라서, 기독교윤리(基督敎倫理)를 떠나서는 설명될 수 없는 특성(特性)을 가지고 있다.

그러므로 우리가 하나님의 보편적(普遍的)인 속성(屬性)에 근거하여 우리 하나님의 성도들이나 그의 사랑하시는 종들에게 베풀어주시는 속성(屬性)들은 모두가 하나님께서 주시는 '하나님의 은혜(恩惠)의 선물(膳物)'(Gifts of grace of God)이라고 할 것이다.

그리하여 우리는 하나님께서 주신 모든 은사(恩賜)들은 하나님의 보편적(普遍的)인 속성(屬性)에 의하여 그의 사랑하는 '하나님의 사람'들에게 나누어 주시는 하나님의 은복(恩福)이라고 생각하면 될 것이다.

더 적극적(積極的)으로 말하면 하나님의 절대적(絶對的)인 속성(屬性)만으로는 우리 인간을 구원할 수 없어서, 제2위 하나님이신 예수 그리스도께서 친히 성육신(成肉身, Incarnation)하여 우리와 같은 사람의 몸을 입고 오셔서, 인간의 삶을 사시면서 천국 복음(福音)을 전파하신 다음, 친히 우리의 죄(罪)를 담당하시고 십자가(十字架)에 못 박혀서 죽으셨으나, 다시 살아 나시사 부활(復活)하시고 하늘로 승천(昇天)하셔서 하나님의 보좌(寶座) 우편(右便)에 앉아 계시다가 다시 재림(再臨)

75

하셔서 세상만민을 심판(審判)하신 다음 구원 받은 그의 성도(聖徒)들과 함께 영원한 메시야 (Messiah) 왕국(王國)의 영원한 통치자(統治者)가 되실 것이다.

우리는 단순히 하나님의 속성(屬性)을 속성(屬性)만으로 끝나는 연구의 방식에서 떠나서 그 속성(屬性)들이 우리와 어떠한 관계성(關係性)을 가지게 되는가 하는데 대하여 세심(細心)한 연구(研究)와 검토(檢討)가 있어야 할 것이다.

그리고 지금까지 신학적(神學的)인 이론(理論) 중심의 신학연구의 방식에서 벗어나서, 성경적인 신앙 중심의 연구 방식으로 전환해야 할 것이다.

왜냐하면 지금까지 신학자(神學者)들이 철학적(哲學的)으로 말했든 신학(神學)의 이론(理論)은 하나의 학술적(學術的)인 논리(論理)는 되었다고 할지라도 예수께서 말씀하신 믿음의 실상(實狀)에는 이르지 못했다는 경우들이 없지 않았기 때문이라는 것을 깊이 반성한다.

다시 말하면 지금까지 대부분의 기독교신학(基督敎神學)이 믿음이 아닌 신학자(神學者)들의 신학설(神學說)에 의존(依存)라고 '믿음의 실상(實狀)'에는 별로 관심(觀心)을 두지 않았기 때문에 혼란(混亂)만 더 하게 되었다는 것을 알 수 있다.

1

웬 일인가 내형제여 주 아니 믿다가
죄 값으로 지옥 형벌 필경 받겠구나

2

웬 일인가 내 형제여 마귀만 좇다가
저 마귀 지옥 갈때에 너도 가겠구나

3

웬 일인가 내 형제여 재물만 추하다
이 세상 물건 불 탈 때 너도 타겠구나

4

여보시요 내 동포여 주께로 오시요
십자가에 못 박힌 주 너를 사랑하네

제4강좌에 대한 복습문제

문제 1.   하나님의 존재 증거를 위한 어떠한 증거론들이 있는가를 말하라

문제 2.   인간의 본유적인 지식이란 무엇인가를 간단히 말하라

문제 3.   인간의 후천적인 지식이란 무엇을 말하는가를 설명하라

문제 4.   계시 지식이란 무엇인가를 간단히 말하라

문제 5.   하나님은 인격적이시라는 것을 간단히 말하라

문제 6.   하나님은 영원히 살아계신다는 말의 뜻을 간단히 말하라

문제 7.   하나님의 절대적인 속성에 대해서 간단히 말하라

문제 8.   하나님의 보편적인 속성에 대해서 간단히 말하라

문제 9.   기독교의 신 하나님과 이방 종교의 신에 대하여
            자기의 생각을 간단히 말하라

제05강좌

삼위일체의 하나님

제5강좌

삼위일체(三位一體)의 하나님

The God of Trinity

성경에는 어느 곳에도 하나님에 대해서 삼위일체(三位一體, Trinity)라고 하는 단어(單語) 자체가 없다.

그런데도 삼위일체(三位一體) 하나님이라는 용어(用語)는 우리 기독교(基督敎)만이 갖는 하나님에 대한 신비적(神秘的)이고 고유(固有)한 명칭(名稱)으로서, 하나님의 생존성(生存性)과 함께 유일성(唯一性)을 드러내는 말씀이다.

그리고 우리가 함부로 이단(異端, Heresy)이라는 말을 쓰는데 조심해야 할 것이로되, 삼위일체(三位一體) 하나님에 대한 교리(敎理) 자체를 부인(否認)하는 사람에게는 무조건(無條件)으로 이단(異端)이라는 말을 붙여도 된다는 것이 상식(常識)이다.

이 삼위일체(三位一體)라는 말은 초대교회 시절에 칼타고(Carthago)출신의 유명한 교부(敎父)였든 터틀리안(Tertullianus:160-220년경)에 의해서 처음으로 된 단어(單語)인데, 터틀리안은 '삼일(三一)'이라는 말 외에 기독교(基督敎)의 신학(神學)이라는 말을 처음으로 사용했던 인물이기도 하다.

그러나 삼위일체(三位一體) 하나님에 관한 교리(敎理)가 오늘 날처럼 터틀리안(Tertullianus)에 의해서 완전히 세워진 것은 아니었다.

그는 법률학자(法律學者)이면서도 철학자(哲學者)로서 30여권에 이르는 그의 변증서(辨證書)를 통하여 기독교의 진리(眞理)를 옹호(擁護) 했는데, "배리(背理)이기 때문에 믿어야 하고, 불가능(不可能)하기 때문에 확실(確實)하다"라고 하는 말을 남기기도 했다.

그러면서도 삼위일체(三位一體) 하나님에 대한 구체적인 신학적(神學的)인 정론(正論)을 세우지 못했다.

그것은 학술적(學術的)인 표현의 방식이 현재에 미치지 못한 때였기 때문이라고 함이 옳을 것이다.

80

① 삼위일체(三位一體) 교리의 개관(槪觀)

본래 삼위일체(三位一體)라는 교리(敎理)의 뜻은, '본질적(本質的)으로는 한분이신 하나님 안에, 성부(聖父)와 성자(聖子)와 성령(聖靈)이라는 세 위격(位格, Persona)이 한 분의 하나님을 이루신다'라고 하는 기독교 교리(敎理) 가운데서도 가장 어려운 신비적(神秘的)인 교리(敎理)이다.

그런데 우리가 믿는 하나님께서는 이 삼위일체교리(三位一體敎理)로 인해서 성경에서 말씀하고 있는 모든 진리(眞理)와 하나님의 완전성(完全性)과 유일성(唯一性)이 드러나고, 하나님의 사역(事役)이 설명된다.

특히 현재도 살아서 역사(役事)하시는 하나님을 설명하기 위해서는 이 삼위일체(三位一體)에 대한 교리(敎理)가 절대적이라는 것을 알아야 한다.

성경에도 없는 단어(單語)와 함께 등장한 삼위일체(三位一體, Trinity) 하나님에 대한 교리(敎理)는 그의 영원히 살아계심과 섭리사역(攝理事役)에 대한 것을 확실히 알게 한다.

그리하여 325년에 열린 니게아회의(Council of Nicaea)에서는, '성부(聖父) 하나님과 성자(聖子) 하나님의 동일본질론(同一本質論, Homoousios)을 채택(採擇)하므로, 이질론(異質論)과 유사본질론(類似本質論)을 차단(遮斷)했고, 381년에 모인 콘스탄티노플 회의(Council of Constantinople)에서는, '성자(聖子) 하나님은 성부(聖父) 하나님에 의해서 발생(發生, Occurence)했고, 성령(聖靈) 하나님은 성부(聖父)와 성자(聖子)에 의해서 발출(拔出, Presenced)한다'라고 결론(結論) 지었다.

그러므로 우리는 삼위일체(三位一體) 하나님에 대해서 말할 때에, '성부(聖父)와 성자(聖子)와 성령(聖靈) 등 삼위일체(三位一體) 하나님은, 권능(權能)과 지혜(智慧)와 성품(性品)과 옳으심이 같은 한 하나님이시다'라고 하는 고백(告白)을 하게 된다.

만약에 삼위일체(三位一體) 하나님에 대한 바른 교리(敎理)가 없는 믿음이라면 하나님의 생존경(生存性)과 사역(事役)의 현실성(現實性)에 대한 바른 설명을 할 수 없을 것이다.

또한 다른 종교(宗敎)에서 말하는 신(神)들과의 구별(區別)도 하기가 어려울 것이다.

② 삼위일체(三位一體) 하나님에 대한 성경(聖經)의 증거(證據)

Evidence of the Bible about Trinity

이미 언급한 대로 성경에는 '삼위일체(三位一體, Trinity)'라고 하는 말이 없다.

그런데도 삼위일체(三位一體)라는 말은 성경을 근거(根據)로 해서 나온 단어(單語)로서, 성경적인 정통교리(正統敎理)에 조금도 빗나갔거나 잘 못됨이 없는 완전(完全)한 절대(絶對)의 교리(敎理)라는 것을 알아야 한다.

우리는 어떠한 경우에라도 신학적(神學的)인 난제(難題)에 부디치게 되면 그것을 어떤 학자(學者)들의 주장에 따르려는 것 보다는 하나님의 말씀인 성경을 중심으로 성경 안에서 찾아내는 습관을 드려야 한다.

성경에는 구약이나 신약 성경을 통하여, 성부 하나님께서나, 성자 하나님께서는 물론 성령 하나님께서도 친히 삼위일체성(三位一體性)에 대한 교리(敎理)를 알게 해 주셨고, 또 사도들이 쓴 모든 성경에서 삼위일체(三位一體) 하나님에 대한 말씀을 알게 기록하고 있다.

물론 이 삼위일체(三位一體) 하나님에 관한 교리(敎理)에 대하여 시비(是非)나 반대(反對)가 없었든 것은 아니다.

그러나 그것들을 일일이 그리고 낱낱이 들어서 논할 필요가 없고, 오직 우리는 성경이 말씀하고 있는 그대로를 몇 곳만이라도 찾아서 비교(比較)해 보는 것으로 만족할 것이다.

삼위일체(三位一體) 하나님에 대한 교리(敎理)는 성경 본문말씀 그대로를 소개(紹介)하는 것이 더 옳을 것 같아서 대표적인 것 몇 구절만을 여기에 소개한다.

> "하나님이 가라사대 우리의 형상을 따라 우리의 모양대로 우리가 사람을 만들고 그로 바다의 고기와 공중의 새와 육축(六畜)과 온 땅과 땅에 기는 모든 것을 다스리게 하자 하시고"(창1:26)

> "자 우리가 내려가서 거기서 그들의 언어를 혼잡(混雜)케 하여 그들로 서로 알아듣지 못하게 하자 하시고"(창11:7)

> "태초에 말씀이 계시니라 이 말씀이 하나님과 함께 계셨으니 이 말씀은 곧 하나님이 시니라 그가 태초에 하나님과 함께 계셨고 만물이 그로 말미암아 지은바 되었으니 지은 것이 하나도 그가 없이는 된 것이 없느니라"(요1:1-3)

> "백성이 다 세례를 받을 새 예수도 세례를 받으시고 기도하실 때에 하늘이 열리며 성령이 형체로 비

둘기 같이 그의 위에 강림하시더니 하늘로서 소리가 나기를 "너는 내 사랑하는 아들이라 내가 너를 기뻐하노라 하시니라"(눅3:21-22)

"천사가 대답하여 가로되 성령이 네게 임하시고 지극히 높으신 자의 능력이 너를 덮으시리니 이러므로 나실 바 거룩한 자는 하나님의 아들이라 일컬으리라"(눅1:35)

"그러므로 너희는 가서 모든 족속으로 제자를 삼아 아버지와 아들과 성령의 이름으로 세례를 주고"(마28:19)

"주 예수 그리스도의 은혜와 하나님의 사랑과 성령의 교통하심이 너희 무리에게 함께 있을 지어다"(고후13:13)

"은사는 여러 가지나 성령은 같고 직임은 여러 가지나 모든 것을 모든 사람 가운데서 역사하시는 하나님은 같으니 각 사람에게 성령의 나타남을 주심은 유익하게 하려 하심이라"(고전12:4-7)

"곧 하나님 아버지의 미리 아심을 따라 성령의 거룩하게 하심으로 순종함과 예수 그리스도의 피 뿌림을 얻기 위하여 택하심을 입은 자들에게 편지 하노니 은혜와 평강이 너희에게 더욱 많을 지어다"(벧전1:2)

✐　✐　✐

③ 삼위일체 하나님의 개체적 사역(事役)

Individual work of the Trinity

성부(聖父)와 성자(聖子)와 성령(聖靈)의 삼위일체(三位一體) 하나님께서는 항상 동시적(同時的)인 사역을 하신다.

그러나 어떤 때는 각각 다르게 역사(役事)하시는 것 같은 경우들이 많이 있다. 그러므로 우리는 원칙적(原則的)으로는 동시적(同時的)인 하나님의 사역으로 받아들일 것이나, 부디 이를 나누어서 생각하려는 것은 삼위신(三位神)에 대한 교리적(教理的)인 뜻을 확증(確證)하기 위함인 것이다.

1) 성부(聖父) 하나님의 사역(事役)

성부(聖父, The Holy Father) 하나님께서는 모든 존재(存在, Existence)와 형식(形式, Formality)과 시간(時間, Times)들을 발생(發生) 시키시는 창조사역(創造事役)에서 '창조(創造)의 근원(根源)'이 되신다.

그리고 하나님의 선택(選擇)에 있어서 선민(選民)의 아버지요, 삼위 신(神)을 대표하여 제1위의 하나님으로 묘사(描寫)되고 있다.

그러므로 우리가 평상시(平常時)에 '하나님'(God)이라고 부를 때에는 자연히 성부(聖父)와 성자(聖子)와 성령(聖靈)의 삼위일체(三位一體) 하나님이 일체(一體)로 함께 하신다는 것을 믿는 믿음이 내포(內包)되어 있다는 것을 알아야 한다.

특히 지금은 제3위의 하나님이신 성령(聖靈)께서 사역을 하고 계시는 시대이다.

그러나 우리는 여기에서도 성부(聖父) 하나님과 성자(聖子) 하나님께서 성령(聖靈) 하나님 안에서 함께 동사(同事)하고 계신다고 믿는 것이 바른 믿음이라는 말이다.

이는 누구의 신학설(神學說)이나 주장(主張)에 따르는 것이 아니라 성경의 진리(眞理)가 그렇게 말씀하고 있기 때문이다.

성경의 진리(眞理)보다 더 정확하고 확실한 것이 없기 때문에 우리는 성경의 진리를 그대로 믿고 따른다.

2) 성자(聖子) 하나님의 사역(事役)

제2위 하나님이신 성자(聖子) 예수 그리스도에 대한 교리(敎理)는 그것이 지니고 있는 뜻이 너무도 깊고 오묘(奧妙)하다.

특히 삼위(三位)가 다 같은 하나님이신데 하필이면 제2위 하나님이신 예수님에게만 '아들'(子, Son)이라는 칭호(稱號)가 따라붙어서 차별적(差別的)인 오해를 할 수 있을 것이나 그 이유는 간단하다.

즉 제2위 하나님이신 예수 그리스도께서 성육신(成肉身, Incarnation)하셔서 사람으로 이 세상에 오신 한 그는 하나님을 향하여 '아버지'(父, Father)라고 부르는 것이 당연하다.

84

즉 예수 그리스도께서 이 세상에 사람으로 오셨다가 죽어서 다시 부활(復活)하시고 하늘로 승천(昇天)하셔서 하나님의 보좌(寶座) 우편에 앉으실 때까지는 하나님의 아들이 되었어야 했다.

그리하여 제2위 하나님이신 예수 그리스도께서는 우리 인간들을 구원(救援)하시기 위하여 이 세상에 사람의 몸을 입고 오셔야 했고, 인간들이 겪는 온갖 고생(苦生)을 다 하셔야 했고, 비록 죄(罪)가 없으실지라도 죄인(罪人)들을 구원하시기 위해서 십자가(十字架)에 못 박혀서 죽으셔야 했다.

제2위 하나님이신 예수 그리스도에 대해서는 기독론(基督論, The Doctrine of Christ)을 공부할 때에 더 자세한 연구가 있을 것이므로 여기에서는 생략(省略)하고 다만 여기에서는 성경말씀만을 소개하는 것으로 끝내려한다.

> "말씀이 육신이 되어 우리 가운데 거하시매 우리가 그 영광을 보니 아버지의 독생자의 영광이요 은혜와 진리가 충만 하더라"(요1:14)

> "본래 하나님을 본 사람이 없으되 아버지 품 속에 있는 독생 하신 하나님이 나타내셨느니라"(요1:18)

> "하나님이 세상을 이처럼 사랑하사 독생자를 주셨으니 이는 저를 믿는 자마다 멸망치 않고 영생을 얻게 하려 하심이라"(요3:16)

> "저를 믿는 자는 심판을 받지 아니하는 것이요 믿지 아니하는 자는 하나님의 독생자의 이름을 믿지 아니하므로 벌써 심판을 받은 것임이니라"(요3:18)

> "때가 차매 하나님이 그 아들을 보내사 여자(女子)에게서 나게 하시고 율법(律法) 아래 나게 하신 것은 율법 아래 있는 자들을 속량(贖良)하시고 우리로 아들의 명분(名分)을 얻게 하려 하심이라"(갈4:4)

3) 성령(聖靈) 하나님의 사역(事役)

현대인들 가운데는 성령을 단순히 하나님의 능력(能力)이나 감동(感動)정도로만 착각(錯覺)을 하는 사람들이 없지 않다.

그러나 제3위의 신(神)이신 성령 하나님께서는 스스로의 인격성(人格性)을 가지신 하나님이시라는 것을 성경은 여러 가지로 말씀해 주고 있다.

성령 하나님께서는 이지(理知)와, 애정(愛情)과, 의지(意志)와, 발언(發言)과, 탐구(探究)와, 증거(證據)와, 명령(命令)과, 계시(啓示)와, 노력(勞力)과, 조정(調整)을 스스로 하시는 하나님이시라는 것을 성경은 여러 곳에서 증언 해주고 있다.

> "내가 아버지께 구하겠으니 그가 또 다른 보혜사(保惠師)를 너희에게 주사 영원토록 너희와 함께 있게 하시리라 저는 진리(眞理)의 영(靈)이라 세상은 능히 받지 못하나니 이는 저를 보지도 못하고 알지도 못함이라 그러나 너희는 저를 아나니 저는 너희와 함께 거하심이요 또 너희 속에 계시겠음이라" 요14:16-17)

> "보혜사(保惠師) 곧 아버지께서 내 이름으로 보내실 성령 그가 너희에게 모든 것을 가르치고 내가 너희에게 말한 모든 것을 생각나게 하시리라"(요14:26)

> "내가 아버지께로서 너희에게 보낼 보혜사(保惠師) 곧 아버지께로서 나오시는 진리(眞理)의 성령이 오실 때에 그가 나를 증거(證據)하실 것이요"(요15:26)

> "이와 같이 성령도 우리 연약(軟弱)함을 도우시나니 우리가 마땅히 빌바를 알지 못하나 오직 성령이 말할수 없는 탄식으로 우리를 위하여 친히 간구(懇求)하시느니라"(롬8:26) (요16:7-15 참고)

✐ ✐ ✐

④ 제3위의 신(神) 성령 하나님
The Holy Spirit who Third God

위에서 우리는 성령 하나님의 인격성(人格性)에 대한 것을 성경을 통해서 알아보았다.

그러나 여기에서는 좀 더 구체적으로 제3위 하나님이신 성령에 대하여 성경에서 말씀하고 있는 대로 알아봄으로 현대인들 가운데 일부의 오해(誤解)를 바로 잡아 드리고자 한다.

1) 성령과 타위(他位)와의 관계(關係)

　제3위 신(神)이신 성령 하나님께서는 어떠한 경우에도 독자적(獨自的)으로 존재(存在)와 형식(形式)을 드러내심이 없이 항상 성부(聖父)와 성자(聖子) 하나님 안에서만 움직이시는 것을 알 수 있다.

　기독교 운동이 구원(救援)이라면 '예수 그리스도의 이름' 외에 다른 이름을 주심이 없다.

　이것은 삼위(三位) 하나님의 경우에도 마찬가지다.

　그리하여 성경(聖經)은 어느 한 곳에도 '성령(聖靈, The Holy Spirit)의 이름으로 구원'이라는 말이 없다.

　성령 하나님의 첫째 과업이 '사람들을 예수 그리스도에게로 인도하시기 위함'이라는 절대적인 사명을 띠고 계신다.

> "오직 하나님의 성령으로 이것을 우리에게 보이셨으니 성령은 모든 것 곧　하나님의 깊은 것이라도 통달 하시느니라 사람의 사정을 사람의 속에 있는 영(靈) 외에는 누가 알리요 이와 같이 하나님의 사정도 하나님의 영(靈) 외에는 아무도 알지 못 하느니라"(고전2:10-11)

> "우리가 다 수건(手巾)을 벗은 얼굴로 거울을 보는 것 같이 주의 영광을 보매 저와 같은 형상으로 화하여 영광으로 영광에 이르니 곧 주의 영(靈)으로 말미암음이니라"(고후3:18)

> "육신(肉身)에 있는 자들은 하나님을 기쁘시게 할 수 없느니라 만일 너희 속에 하나님의 영(靈)이 거하시면 너희가 육신에 있지 아니하고 영(靈)에 있나니 누구든지 그리스도의 영(靈)이 없으면 그리스도의 사람이 아니라"(롬8:9-10)

> "내가 그리스도와 함께 십자가에 못 박혔나니 그런즉 이제는 내가 산 것이 아니요 오직 내 안에 그리스도께서 사신 것이라 이제 내가 육체 가운데 사는 것은 나를 사랑하사 나를 위하여 자기 몸을 버리신 하나님의 아들을 믿는 믿음 안에서 사는 것이라"(갈2:20)

> "너희가 하나님의 성전(聖殿)인 것과 하나님의 성령이 너희 안에 거하시는 것을 알지 못하느뇨?"(고전3:16)

2) 성령(聖靈)의 신성(神性)

성경은 한결 같이 성령 하나님의 신성(神性)에 대하여 자세하게 언급(言及)해주고 있다.

우선 성령께서는 신적(神的)인 명칭(名稱)이 붙어 있고, 신적(神的)인 만전성(萬全性)을 나타내는 말씀이 소개되어 있으며, 신적(神的)인 사역(事役)에 대해서 여러 가지로 말씀해주고 있다.

"베드로가 가로되 아나니아야 어찌하여 사단이 네 마음에 가득하여 네가 성령(聖靈)을 속이고 땅 값 얼마를 감추었느냐? 땅이 그대로 있을 때에는 네 땅이 아니며 판 후에도 네 임으로 할 수가 없더냐? 어찌하여 이 일을 네 마음에 두었느냐? 사람에게 거짓말 한 것이 아니요 하나님께로다"(행5:3-4)

"그러나 언제든지 주께로 돌아가면 그 수건(手巾)이 벗겨 지리라"(고후3:16)

"모든 성경은 하나님의 감동으로 된 것으로 교훈과 책망과 바르게 함과 의로 교육하기에 유익하니 이는 하나님의 사람으로 온전케 하며 모든 선한 일을 행하기에 온전케 하려 함이라"(딤후3:16-17)

"내가 주의 신(神)을 떠나 어디로 가며 주의 앞에서 어디로 피하리이까? 내가 하늘에 올라갈 지라도 거기 계시며 음부에 내 자리를 펼지라도 거기에 계시나이다 내가 새벽 날개를 치며 바다 끝에 가서 거할 지라도 곧 거기서도 주의 손이 나를 인도 하시며 주의 오른 손이 나를 붙드시리이다"(시139:7-10)

"누가 여호와의 신(神)을 지도하였으며 그의 모사(謀士)가 되어 그를 가르쳤으랴? 그가 누구로 더불어 의논하였으며 누가 그를 교훈 하였으며 그에게 공평의 도로 가르쳤으며 지식을 가르쳤으며 통달의 도를 보여주었느뇨? 보라 그에게는 열방은 통의 한 방울 물 같고 저울의 적은 티끌 같으며 섬들은 떠오르는 먼지 같으니"(사40:13-15)

"오직 하나님이 성령으로 이것을 우리에게 보이셨으니 성령은 모든 것 곧 하나님의 깊은 것이라도 통달하시느니라 사람의 사정을 사람의 속에 있는 영(靈)외에는 누가 알리요 이와 같이 하나님의 사정도 하나님의 영(靈) 외에는 아무도 알지 못 하느니라"(고전2:10-11)

"하물며 영원하신 성령으로 말미암아 흠(欠)없는 자기를 하나님께 드린 그리스도의 피가 어찌 너희 양심으로 죽은 행실에서 깨끗하게 하고 살아계신 하나님을 섬기지 못하겠느뇨?" (히9:14)

"땅이 혼돈하고 공허하며 흑암이 깊음 위에 있고 하나님의 신(神)은 수면 위에 운행(運行)하시니라"(창1:2)

"그 신(神)으로 하늘을 단장(丹粧)하시고 손으로 날랜 뱀을 찌르시나니 이런 것은 그 행사의 시작점이요 우리가 그에게 대하여 들은 것도 심히 세미(細微)한 소리뿐 아니라 그 큰 능력의 우레(雨雷)야 누가 능히 측량하랴? (욥26:13-14)

"주의 영(靈)을 보내사 저희를 창조(創造)하사 지면을 새롭게 하시나이다(시104:30)

"예수께서 대답 하시되 진실로 진실로 너희에게 이르노니 사람이 물과 성령으로 나지 아니하면 하나님 나라에 들어갈 수 없느니라 육(肉)으로 난 것은 육이요 성령으로 난 것은 영(靈)이니 내가 네게 거듭나야 하겠다는 말을 기이(奇異)히 여기지 말라"(요3:5-7)

"우리를 구원하시되 우리의 행한바 의로운 행위로 말미암지 아니하고 오직 그의 긍휼하심을 좇아 중생(重生)의 씻음과 성령의 새롭게 하심으로 하셨나니 성령 곧 우리 구주 예수 그리스도로 말미암아 우리에게 풍성히 부어주사 우리로 저의 은혜를 힘입어 의롭다 하심을 얻어 영생의 소망을 따라 후사가 되게 하려 하심이라"(딛3:5-7)

"예수를 죽은 자 가운데서 살리신 영(靈)이 너희 안에 거하시면 그리스도 예수를 죽은 자 가운데서 살리신 이가 너희 안에 거하시는 그의 영(靈)으로 말미암아 너희 죽을 몸도 살리시리라"(롬8:11)

3) 성령(聖靈)의 사역(事役)

제3위 하나님이신 성령의 사역에 대해서는 위에서도 언급한바 있거니와 여기에서 다시 말하려는 것은 하나님의 사역 전체는 곧 성령에 의해서 되어진 다는 것을 말하기 위함이다.

이는 곧 천지만물(天地萬物)을 창조(創造)하실 때부터 삼위일체(三位一體) 하나님께서 동시(同時)에 사역(事役)을 하셨다는 말이다.

이를 좀 더 구체적으로 말하면, 하나님께서 하신 모든 일들은 성령에 의해서 하신 일이었으나, 그것을 표현할 때에는 '하나님'이라는 명칭(名稱)으로 표현하고 있을 뿐이라는 말이다.

이런 의미에서 하나님의 사역은 모두가 성령 하나님에 의해서 되어지는 것이로되 표현할 때에는 성부 하나님께서 하시는 것처럼 하나님으로 표현될 뿐이라는 말이다.

이는 성령에 대한 교리상의 오해가 없어야 한다는 것을 전제로 한다.

이를 신학적(神學的)으로 볼 때에 지금은 성령 시대요, 성령시대는 교회시대요, 교회시대는 역사의 종말기적(終末期的)인 현실이 이루어져 가고 있는 시대를 말한다.

이 때에 하시는 성령 하나님의 사역의 목적(目的)을 분명히 알아야 한다. 그것은 아무리 우리가 '성령시대'라고 할지라도, '성령의 이름으로 구원(救援)을 받았다는 말은 없다.

그렇게 말하는 것은 결코 옳지 않다. 오직 '예수 이름으로 구원'이 있을 뿐이다.

"다른 이로서는 구원을 얻을 수 없나니 천하 인간에 구원을 얻을만한 다른 이름을 우리에게 주신 일이 없느니라"(행4:12)

성령께서는 하나님의 사역의 완성(完成)을 위해서 오셨고, 그 일을 하시나 하나님의 구원(救援)에 대한 사역은 오직 예수 그리스도에 의해서 되어졌을 뿐이다.

그러므로 성령 시대인 현대교회 성도들이 은사주의(恩賜主義)에 잘 못 치우치다 보면 잘 못 오해에 빠져들 수 있다.

예수께서 하늘로 승천(昇天)하시기 전에 약속(約束)하셨든 성령께서는 오순절 날에 오셨고, 예수 그리스도 재림(再臨)의 날까지 계속해서 하나님의 일을 하실 것이다.

그러나 보혜사(保惠師) 성령께서 오신 목적은 크게 세 가지이다.

(1) 예수 그리스도에 대한 증거(證據)와(요15:26),
(2) 하나님의 성도들과의 영원한 동거(同居)와(요14:16),
(3) 하나님의 성도들을 진리(眞理)로 인도하시기 위함인 것이다(요16:13).

1

성령이여 강림하사 나를 감화하시고
애통하고 회개한만 충만하게 하소서

후렴

예수여 비오니 나의 기도 들으사
애통하고 회개한 맘 충만하게 하소서

2

성령이여 강림하사 크신 권능 주소서
원하옵고 원하오니 충만하게 하소서

3

힘이 없고 연약하나 엎드려서 비오니
성령강림 하옵소서 충만하게 하소서

4

정케하고 위로하사 복을 받게 하소서
충만하게 하시오니 무한 감사 합이다

제5강좌에 대한 복습문제

문제 1. 하삼위일체라는 교리를 간단히 말하라

문제 2. 삼위일체 교리에 대한 니케아 회의와, 콘스탄티노플 회의에서의
결정을 말하라

문제 3. 삼위일체의 교리에 대한 구약과 신약 성경에의 근거는 무엇인가?

문제 4. 삼위일체의 교리가 나오게 된 역사적인 동기를 말하라.

문제 5. 교부 터틀리안에 대해서 아는 대로 간단히 요점만 들어서 말하라

문제 6. 하나님의 사역의 성격에 대해서 간단히 말하라

문제 7. 성령께서 오신 목적 세 가지를 간단히 말하라

문제 8. 내가 생각하는 성삼위일체 하나님에 대한 교리를 간단히 말하라

제06강좌

하나님의
창조교리

제6강좌

하나님의 창조교리(創造敎理)
Creation Doctrine of God

하나님의 창조(創造, Creation)에 대한 교리(敎理, Doctrine)는 매우 중요한 많은 문제들을 안고 시작하게 되므로 이에 대한 각별한 신학적(神學的)인 사상(思想)의 체계(體系)가 세워져 있어야 할 것이다.

일반적으로 사람들은 우주(宇宙)의 존재(存在)를 자연발생설(自然發生說)과, 진화발생설(進化發生說)과, 창조설(創造說)의 세 가지를 중심으로 해서 자기들의 학설(學說)과 사상(思想)을 말한다.

그러므로 우주(宇宙)의 생성년대(生成年代)를 비롯하여 온갖 학설(學說)들로 사람의 사상(思想)을 혼란(混亂)하게 하고 있다.

더구나 그리스도인들에게까지도 사상적(思想的)인 통일(統一)을 가져오지 못하고 여러 갈래로 나누어지는 것을 본다.

그래서 우리는 이에 대한 자기 나름대로의 통일(統一) 된 교리적(敎理的)인 사상(思想)을 확립(確立)해서 가져야 할 필요를 느낀다.

일반적으로 우리가 지구(地球)의 생성연대(生成年代)를 45억만년으로 보고 있다.

그러나 그것은 하나의 학설(學說)일뿐 증거(證據)는 없다.

그리고 역사(歷史)를 연구하기 위해서는 무생대(無生代, 16억 5천만년 이 전), 원생대(原生代, 7억 2천 5백만년에서 16억 5천만년의 사이), 중생대(中生代, 2억 5천만년에서 7억 2천 5백만년 사이), 신생대(新生代, 2억 5천 만년 이후) 등으로 구별하고, 그 다음에는 선사시대(先史時代)와 유사시대(有史時代)로 구분한 다음, 다시 이를 석기시대(石器時代), 철기시대(鐵器時代)등으로 나누어서 연구에 임하게 되고, 시대적인 형식(形式)으로는 생식시대(生食時代), 화식시대(火食時代), 목축시대(牧畜時代), 농경시대(農耕時代)등으로 분류(分類)하여 이를 문화적(文化的)인 상황(狀況)을 들어서 설명을 한다.

94 그러나 그 어느 것도 우리 인간의 두뇌(頭腦)를 중심으로 한 유추적(類推的)인 추론(推論)의 가정

(假定)일 뿐 확실한 근거는 없다.

그러므로 우리는 하나님의 창조(創造)를 논하기 위해서는 가장 정확하게 입증(立證)해주고 있는 성경의 진리(眞理)를 따라서 연구에 임하는 것이 가장 옳다고 본다.

✦ ✦ ✦

① 하나님의 창조사역(創造事役)
Creation work of God

하나님의 창조사역(創造事役)에 대한 것을 논하기 전에 먼저 알아야 할 것은, 하나님의 창조(創造)는 믿음의 지식(知識)으로 알 수 있는 것이지 경험(經驗)의 지식(知識)으로는 알 수 없는 것이라는 것을 전제로 하고 출발한다는 사실이다.

> **"믿음으로 모든 세계가 하나님의 말씀으로 지어진 줄을 우리가 아나니 보이는 것은 나타난 것으로 말미암아 된 것이 아니니라"**(히11:3)

그러므로 하나님의 창조(創造)에 대한 지식(知識, Knowledge)은 나의 경험(經驗)을 통해서 얻은 지식이 아니라, 믿음을 통해서 알게 된 지식(知識)이라는 것을 전제로 한다.

그것은 나의 출생(出生)에 대한 것은 경험(經驗)의 지식(知識)을 통해서 얻은 것이 아니라 자기의 생부모(生父母)나 목격자(目擊者)들의 말을 듣고 믿기 때문에 얻은 지식(知識)일 뿐이라는 것과 같다.

가장 큰 존재(存在)에 대한 지식(知識)은 믿음의 지식(知識)이지 내가 친히 목격한 경험(經驗)의 지식일 수 없다.

우리가 하나님에 대한 지식(知識)을 더 넓혀 나가기 위해서는 더 확실한 믿음의 실상(實狀) 곧 생활신앙(生活信仰)에 의존할 수밖에 없다.

하나님과 나와의 믿음의 관계를 학술적으로는 풀어갈 수가 없다.

더 성경의 진리에 따르는 확실한 믿음 위에 서서 하나님의 성령께서 베푸시는 더 많은 신

95

비적(神秘的)인 기적(奇蹟)을 통해서 나의 영성(靈性)과 함께 자라나는 믿음의 실상(實狀)이 있을 뿐이다.

1) 하나님의 창조와 계시(啓示)

하나님의 창조(創造)는 무(無)에서 유(有)를 발생(發生)시킨 하나님의 초능력(超能力)이요 권세행위(權勢行爲)이다.

그러나 그 하나님의 창조(創造)는 우리 인간으로서는 감히 알 수 없었던 절대(絶對)의 비밀(秘密)을 드러내는 하나님의 뜻을 알게 한다.

즉 하나님께서는 그의 창조(創造)를 통하여 하나님 자신의 존재(存在, Being, Existence)를 알게 해 주셨을 뿐만 아니라, 그 창조(創造)를 통하여 그가 마음 속에 품고 있었든 하나님의 의지(意志) 곧 하나님의 속내를 다 드러내 보여 주셨다.

하나님의 계시(啓示, Revelation)란 하나님께서 그의 베일(Veil) 속에 감추어 두셨든 것을 그 베일(Veil)을 벗기시고 알게 해 주셨다는 말이다.

그러므로 창조주(創造主, Creator) 하나님께서는 그의 창조(創造)를 통해서 그이만이 간직하고 있던 하나님의 비밀(秘密, Secrecy) 모든 것을 다 우리 인간에게 알려주셨다는 말과도 같다.

그러므로 자연히 하나님의 창조(創造)는 하나님의 계시(啓示)의 근원(根源)이 되기도 한다는 것을 알게 한다.

하나님께서는 그의 창조(創造)를 통하여, 제2위 하나님이신 예수 그리스도의 성육신(成肉身)을 알게 해 주셨고, 마지막으로는 그의 말씀인 성경을 통하여 그의 성도(聖徒)들에게 하나님의 사랑을 다 알게 해 주셨다.

그러므로 기독교(基督敎)라는 종교(宗敎)는 계시종교(啓示宗敎, Revelation Religion)라는 말이다.

우리가 계시(啓示)라는 말을 사용할 때에는 그 단어(單語)가 지닌 말의 참뜻을 알고 사용하면 보다 더 진리의 깊은 뜻을 바로 이해하게 될 것이다.

96

2) 하나님의 창조(創造)와 하나님의 행동(行動)

우리가 아는 대로 하나님을 신(神)이라고 인식(認識)하고 있다.

그런데 자연종교(自然宗敎, Natural Religion)에서 말하는 신(神)은 그의 동적(動的)인 행위(行爲)를 전혀 알 수가 없고, 다만 '그렇게 하면 복(福)을 받게 될 것이다'라고 하는 막연한 기대감을 가지게 하는데서 끝난다.

여기에서 기복적(祈福的)이라는 말이 나온다.

그리고 자기들이 믿는 신(神)의 움직임을 모르기 때문에 어떠한 경우에도 신(神)의 경지에는 도달(到達)할 수가 없다. 다만 생각하는 것으로 만족해야 한다.

그런데 기독교(基督敎, The Christianity)에서 말하는 신(神)은 살아계신 하나님으로서, 가장 먼저 그의 창조(創造)를 통하여 하나님의 행동을 드러내셨고, 살아계심을 알고 믿게 해 주셨다.

여기에서 우리는 행동이 없는 신(神)은 죽은 신(神)이 아니면 하나의 우상(偶像)일 뿐이라는 것을 알게 한다.

하나님께서는 이 우상(偶像)을 가장 싫어하시고 미워하신다는 이유를 알게 한다.

성경은 우리가 믿는 삼위일체(三位一體) 하나님께서는 우상(偶像)과는 근본적으로 다르다는 것을 말씀해 주고 있다(시96:5, 사37:36, 렘10:11-12).

우리가 믿는 하나님께서는 그의 창조(創造)에서 삼위일체(三位一體) 하나님으로 함께 행동(行動)하셨다는 것을 성경은 자주 말씀해 주고 있다 (사40:12, 44:24, 45:12). 그러면서도 성경은 창조 사역에 있어서 성부 하나님을 전면에 내 세우고 있다.

> "그러나 우리에게는 한 하나님 곧 아버지가 계시니 만물이 그에게서 났고 우리도 그를 위하며 또한
> 한 주 예수 그리스도께서 계시니 만물이 그로 말미암고 우리도 그로 말미암았느니라"(고전8:6)

그리고 성경은 성자(聖子) 하나님과 성령(聖靈) 하나님도 창조사역(創造事役)에 함께 행동(行動)하셨다는 것을 매우 구체적으로 자세하게 말씀해 주고 있다.

이는 곧 삼위일체(三位一體) 하나님은 같은 한 분의 하나님으로서, 그의 창조(創造)하시는 사역(事役, Working)에서도 같은 일을 동시(同時)에 함께 일하셨다는 것을 알게 해 주신다.

뿐만 아니라 이러한 삼위일체(三位一體) 하나님은 단순히 존재(存在)나 인간의 사유(思惟)에서 끝나는 막연한 존재(存在)가 아니라, 영원히 살아계셔서 움직이고 행동하시는 살아계신 하나님이

97

시라는 것을 알게 한다.

　일반 종교(宗敎)나 풍속(風俗)은 알지는 모르나 어떤 신(神)의 존재(存在)를 인정(認定)하는 나머지 1년에 한 번이라도 제사(祭祀)를 드린다.

　그러나 기독교의 하나님은 살아계신 현존(現存)하신 하나님으로서 그의 존재(存在)와 사역(事役)을 하나님의 편재(遍在, Omnipresence)로 나타낸다.

> "만물이 그로 말미암아 지은바 되었으니 지은 것이 하나도 그가 없이는 된 것이 없느니라"(요1:3)

> "그는 보이지 아니 하시는 하나님의 형상이요 모든 창조물보다 먼저 나신 자니 만물이 그에게 창조되되 하늘과 땅에서 보이는 것들과 보이지 않는 것들과 혹은 보좌들이나 주관들이나 정사들이나 권세들이나 만물이 다 그로 말미암아 그를 위하여 창조 되었고 또한 그가 만물보다 먼저 계시고 만물이 그 안에 함께 섰느니라"(골1:15-17)

> "주의 영(靈)을 보내어 저희를 창조(創造)하사 지면(地面)을 새롭게 하시나이다"(시104:30)

> "땅이 혼돈하고 공허하며 흑암이 깊음 위에 있고 하나님의 신(神)은 수면(水面)에 운행(運行) 하시니라"(창1:2)

> "그 신(神)으로 하늘을 단장하시고 손으로 날랜 뱀을 찌르시나니 이런 것은 그 행사의 시작점이요 우리가 그에게 대하여 들은 것도 심히 세미한 소리 뿐 이니라 그 큰 능력의 우뢰(雨雷)야 누가 능히 측량(測量)하랴!"(욥26:13-14)

> "하나님의 신(神)이 나를 지으셨고 전능자의 기운(氣運)이 나를 살리시느니라"(욥33:4)

✦ ✦ ✦

② 하나님의 창조의 목적(目的)
Purpose of Creation of the God

98　　삼위일체(三位一體) 하나님께서 천지만물(天地萬物)과 우리 인간을 창조(創造)하신 목적(目的)이 무

엇인가를 안다는 것은 자기의 가치(價値)에 대한 것을 바로 이해하고, 자기가 해야 할 밀이 무엇이며, 특히 우리 기독교 운동이 무엇인가 하는 것을 알게 해 주시는 중요한 숨은 진리(眞理)가 있는 말이다.

> "하나님이 그 지으신 모든 것을 보시니 보시기에 심히 좋았더라 저녁이 되며 아침이 되니 이는 여섯째 날이니라"(창1:31 Then God saw everything that He had made, and indeed it was very good. So the evening and the morning were the sixth day)

이는 하나님의 6일 창조(創造)가 모두 끝난 다음에 되어 진 일로서, 우주만물(宇宙萬物)과 인간(人間)까지 모든 존재(存在)를 발생시켜 놓으신 다음에, 왜 창조주(創造主) 하나님께서 존재(存在)를 발생(發生)시키게 되었는가 하는 창조주 하나님의 마음을 알게 해주는 말씀이다.

여기에서 말씀하고 있는, '하나님이 보시기에 심히 좋았더라'라고 하신 말씀은 곧 하나님의 기뻐하심으로서 '하나님의 영광'(Glory of God)을 뜻하는 말씀이다.

1) 하나님의 창조(創造)와 나(自我)

하나님께서 창조(創造, Creation)로 발생(發生, Occurrence)시킨 모든 존재(存在, Existence)의 목적(目的, Purpose)이 하나님의 기뻐하심이었다면, '나'(I, Myself)라고 하는 존재(存在)의 목적(目的)도 하나님이 보시기에 심히 좋은 사람이 되어야 한다는 것을 알게 하시는 말씀이다.

내가 예수를 믿고 구원(救援)을 받았다는 말은 곧 하나님의 원창조(原創造)의 회복(回復)이라는 뜻을 갖는 말이다.

나는 하나님의 원 창조에서 하나님이 보시기에 심히 좋은 '하나님 닮음의 사람'이었는데 범죄(犯罪)와 타락(墮落)으로 인하여 하나님의 기뻐하심에서 멀리 떨어지게 되었다.

그러나 예수 그리스도를 믿고 구원(救援)을 받았다는 것은, 내가 하나님의 영광(榮光)을 되찾아 드렸다는 말과도 같다.

나는 하나님께로부터 처음 지으심을 받을 때부터 나의 가치(價値)와 해야 할 사명(使命)을 특권(特權)으로 부여받고 태어났다.

99

"하나님이 가라사대 우리의 형상을 따라 우리의 모양대로 우리가 사람을 만들고 그로 바다의 고기와 공중의 새와 육축과 온 땅과 땅에 기는 모든 것을 다스리게 하자 하시고 하나님이 자기 형상 곧 하나님의 형상대로 사람을 창조 하시되 남자와 여자를 창조 하시고"(창1:26-27)

"여호와 하나님이 흙으로 사람을 지으시고 생기(生氣)를 그 코에 불어넣으시니 사람이 생령(生靈)이 된지라"(창2:7)

위의 성경말씀 대로 나는 하나님 닮은 생령(生靈, Living being)의 존재로서 하나님이 지으신 만물을 주관하고 다스릴 만물(萬物)의 영장(靈長)이라는 특권(特權)을 가지고 태어난 사람이다.

그리하여 나는 형식적(形式的)으로는 만물(萬物, All things)보다 멘 나중에 지으심을 받은 존재(存在)이나, 하나님의 경륜(經綸, Administration) 안에서는 만물(萬物)을 지배(支配)하고 다스려야 할 '만물의 영장'으로서의 사명을 부여받고 태어난 사람이다.

자기의 존재가치(存在價値)를 지나치게 뽐내면 교만(驕慢)에 빠질 수 있고, 지나치게 양보(讓步)만 하면 본분(本分)에 대한 직무(職務)의 유기자(遺棄者)가 될 수 있다.

그러나 그리스도 안에서 신실(信實)한 사람은 하나님이 보시기에 심히 좋은 사람이 되어야 하고, 하나님이 보시기에 심히 좋은 사람을 만들어야 하고, 하나님이 보시기에 심히 좋은일을 해야 한다.

2) 하나님의 창조(創造)와 내가 해야 할 일

나는 처음 이 세상에 태어날 때부터 '하나님이 보시기에 심히 좋은 사람'이었다.

그리하여 나는 하나님이 보시기에 심히 좋은 사람으로서, 하나님이 보시기에 심히 좋은 일을 하는 사람이 되어야 한다.

그렇다면 하나님이 보시기에 심히 좋은 일이란 무엇인가?

하나님이 보시기에 심히 좋은 일이란 곧 첫째는 하나님이 보시기에 심히 좋은 사람을 만드는 일이고, 다음에는 하나님이 보시기에 심히 좋은 것을 찾아내는 일을 해야 한다는 것을 뜻하신 말씀이다.

이 세상에는 사람들이 살아가기 위한 수많은 직업(職業, Occupation)들이 있다.

100

그러나 그것들이 하나님이 보시기에 심히 좋은 일이 되어야 한다는 말이다.

하나님이 보시기에 심히 좋은 직업(職業)은 우리가 말하는 과학자(科學者, Scientist)들에 의한 발명(發明, Invention)이라기보다는 순수한 발견(發見, Discovery)이라고 생각한다.

우리는 하나님의 창조(創造)를 통하여, 하나님이 보시기에 심히 좋은 것으로 발생시켜 놓은 존재 안에서 '무엇이 하나님이 보시기에 심히 좋았는가?'하는 것을 찾아내는 것으로 좋은 일이 될 것이라고 믿는다.

우리는 '하나님이 보시기에 심히 좋았더라'라고 하신 말씀을 중심으로 생각해 볼 때에 우리 인간들이 얼마나 어리석었든가 하는 것을 알 수 있다.

무엇보다도 나는 하나님이 보시기에 심히 좋은 사람이 되어야 한다.

그리고 누구를 대하든지 하나님이 보시기에 심히 좋은 삶을 영위하도록 만들어내야 한다.

마지막으로는 그것이 순간적(瞬間的)인 것이 아니라, 나의 평생(平生)에 행해야 할 나의 삶이 되어야 한다.

먹고 살아가기 위한 직업(職業)상의 문제만이 아니라, 나의 사언행심사(事言行心思)의 모든 것들이 다 하나님이 보시기에 심히 좋은 사람으로서의 삶을 지탱해 나가야 할 것이다.

우리는 생활신앙(生活信仰)이라는 말을 자주 쓴다.

그런데 그 생활신앙 자체가 하나님이 보시기에 심히 좋은 일이 되어야 할 것이다.

이는 단순히 일반 윤리학(倫理學)에서 말하는 선(善)의 가치(價値)에 기준을 둔다는 말이 아니라, 하나님이 보시기에 심히 좋은 영적가치(靈的價値)에 이르는 말씀이다.

3) 하나님의 창조(創造)에서 심히 좋았더라

우리는 신학적(神學的)으로 종말론(終末論)에서 현존(現存)하는 만물(萬物)의 미래(未來)에 대한 것을 논하고 있다.

여기에서 우리는 '하나님이 창조(創造)로 발생시킨 존재(存在)는 완전히 소멸(消滅)되는 것이 아니라, 존재의 형식(形式)이 바꾸어질 뿐이다'라고 말한다.

그 이유는 '하나님이 보시기에 심히 좋았더라'라고 하신 말씀은 완전(完全, Perfection)을 뜻하는 말과 도 같고, 또한 과학적(科學的)으로도 이를 입증(立證)할 수 있기 때문이다.

101

이는 자연과학(自然科學, Natural science)에서 말하는 물질(物質)의 삼체(三體) 곧 기체(氣體, Geseous body)와 액체(液體, Liquid)와 고체(固體, Solid)로 존재(存在)의 형식(型式)을 고체(古體)와 액체(液體)와 기체(氣體)로 바꾸어 가면서 그의 존재(存在)를 유지(有志)하게 된다는 원리(原理)를 생각하면, 성경에서 말씀하고 있는 창조설(創造說)과 함께 존재의 목적(目的)을 바로 이해할 수 있을 것이다.

우리는 성경에서 말씀하고 있는 자연계(自然界)에 대한 것을 생각해 보아야 한다.

그것은 우리 인간을 비롯하여 만물의 재창조(再創造)는 있을 수 없다는 것을 알게 하시는 말씀이다.

> "피조물(被造物)의 고대하는 바는 하나님의 아들들의 나타나는 것이니 피조물이 허무한데 굴복하는 것은 자기 뜻이 아니요 오직 굴복케 하시는 이로 말미암음이라 그 바라는 것은 피조물도 썩어짐의 종노릇 한데서 해방되어 하나님의 자녀들의 영광의 자유에 이르는 것이니라 피조물이 다 이제까지 함께 탄식하며 함께 고통하는 것을 우리가 아나니 이뿐 아니라 또한 우리 곧 성령의 처음 익은 열매를 받은 우리까지도 속으로 탄식하여 양자될 것 곧 우리 몸의 구속을 기다리느니라"(롬8:19-23)

이러한 말씀은 모두 한결같이 '하나님이 보시기에 심히 좋았더라'라고 하신 말씀을 기초로 하고 있다는 것을 알게 한다.

또한 이러한 진리(眞理)를 생각하면 참 기독교운동(基督敎運動)의 내용(內容)과 하는 방식(方式)이 어떠해야 하겠다는 것을 절감(切感)하게 한다.

그리고 나의 존재가치(存在價値)를 바로 알게 해 준다.

예수께서 말씀하시기를, "사람이 만일 온 천하(天下)를 얻고도 제 목숨을 잃으면 무엇이 유익 하리요? 사람이 무엇을 주고 제 목숨을 바꾸겠느냐?"(마16:26)라고 하셨다.

나의 존재가치(存在價値)는 우주(宇宙)를 주고도 바꿀 수 없는 절대적(絶對的)인 자아(自我)로서의 존재(存在)다.

이것을 바로 유지(維持)하고 지켜 나가기 위해서는 먼저 하나님이 보시기에 심히 좋은 사람이 되어야 한다.

하나님이 보시기에 심히 좋은 사람은 단순히 도덕적(道德的)으로나 윤리적(倫理的)으로 선(善)한 사람이 되어야 한다는 말과는 전혀 다르다.

어떤 물질적(物質的)인 자선사업(慈善事業)가나 많은 것으로 물질적(物質的)인 도움을 준 자선가(慈善家)가 되어야 한다는 말도 아니다.

하나님이 보시기에 심히 좋은 사람은 먼저 지옥형벌(地獄刑罰)에 떨어질 멸망(滅亡)의 자식(子息)

102

이 아니라, 예수 그리스도를 구주(救主)로 믿고 구원(救援) 받아서 천국(天國)에 갈 하나님의 자녀(子女)요 천국의 시민(市民)이 될 사람이라는 것을 확실히 알게 하시는 말씀이다.

　기독교 운동의 참 뜻도 여기에 있다는 것을 알고 사명에 임해야 할 것이다.

　그러므로 우리는 우리의 인생관(人生觀)을 이렇게 정리(整理)할 수 있다.

> "내가 하나님 보시기에 심히 좋은 사람이 되어 하나님이 보시기에 심히 좋은 사람을 만들기에 힘쓰고 한 평생토록 하나님이 보시기에 심히 좋은 일을 하는 직업인(職業人)이 되자"

③ 하나님의 창조와 기독교운동(基督敎運動)
Creation of God and the Christian's movement

　우리 기독교운동(基督敎運動)이 무엇이냐고 묻는다면 한마디로 쉽게 그답(答)을 하기가 어렵다.

　구원(救援)이라고도 할 것이고, 천국복음운동(天國福音運動)이라고도 할 것이고, 하나님의 나라 운동이라고도 할 것이다. 그 외에도 여러 가지로 답(答)을 할 수 있을 것이다.

　그러나 이 모든 것들을 합해서 단 한 마디로 말한다면, '하나님의 뜻을 이루어 드림이다'라고 해야 할 것이다.

　그 하나님의 뜻이 무엇이냐고 묻는다면, '하나님이 보시기에 심히 좋았더라'라는 말씀의 답(答)이 가장 정확(正確)한 답(答)이라고 생각한다.

　하나님의 일을 한다고 하는 성도(聖徒)들은 하나님 앞에서 기도(祈禱)를 할 때에 하나님께 달라고 구하는 것도 많다.

　마치 문전(門前)에서 구걸(求乞)하는 걸어지들처럼 '주시요, 주시요'라는 말로 거의 일관 한다.

　그러나 예수께서 가르쳐 주신 기도문(祈禱文)을 보면 하나님께서는 우리가 구(求)하기 전에 우리에게 있어야 할 것을 미리 다 알고 계신다고 말씀하셨다.

　그러므로 외식적(外飾的)으로도 말고, 말을 많이 해야 할 것으로 알고 하는 중언부언(重言復言)도 하지 말고 주님께서 가르쳐 주신 그대로만 하라고 하여 주기도문(主祈禱文)을 가르쳐 주셨다

103

(마6:6-13).

그 가운데서도 아주 특별한 말씀을 생각나게 하신 말씀이 있다.

> **"뜻이 하늘에서 이루어 진 것 같이 땅에서도 이루어 지이다"**(Your will be done on the earth as it is in
> heaven.마6:10)

우리는 우리의 필요요구(必要要求)에 따라서 하나님께 기도해야 한다.

그러나 그 간구하는 기도가 하나님의 뜻이 아니면 응답이나 성취가 될 수 없다는 것을 알아
야 한다.

자기 욕심(慾心)을 채우기 위한 요구를 위해서가 아니라, 그것이 하나님의 의지(意志)와 일치(
一致)가 되지 않으면 응답(應答)도 성취(成就)도 없다는 의미에서 '하나님의 뜻이 이루어지기를 위
해서' 기도해야 한다.

그것만이 참 기도다.

예수 그리스도께서 지신 십자가(十字架)의 고난(苦難)은 인간으로는 견디기 어려운 고통(苦痛)이
요 잔인(殘忍)하고 처절(悽絶)한 죽음이었다.

그러므로 예수께서는 겟세마네 동산에 올라가셔서 밤을 세어 기도하시기를 계속했다. 예수
께서는 기도 말을 통해서 자기의 생각과 요구를 하나님께 아뢰었다. 그러나 그 기도의 결론은
너무도 가혹(苛酷)할 정도로 하나님의 뜻에 맡겨버리는 것이었다.

인간에게 있는 땀과, 눈물과 피의 삼액체(三液體)가 핏방울처럼 매쳐서 땅바닥에 떨어질 때까
지였다. 보통 인간으로서는 당해 낼수 없는 기도였다.

> **"조금 나아가사 얼굴을 땅에 대시고 엎드려 기도하여 가라사대 내 아버지여 만일 할만 하시거든 이
> 잔(盞)을 내게서 지나가게 하옵소서 그러나 나의 원대로 마옵시고 아버지의 원대로 하옵소서 하시
> 고"**(마26:39)

> **"예수께서 힘쓰고 애써 더욱 간절히 기도 하시니 땀이 땅에 떨어지는 피방울 같이되더라"**(눅22:44)

참으로 하나님이 보시기에 심히 좋은 사람의 기도(祈禱)는 자기의 욕구충족(慾求充足)이 아니라,
하나님의 의지성취(意志成就)의 기도일 것이라는 것을 알게 한다.

하나님의 교회(敎會)를 맡아서 목양(牧羊)을 하는 목회자(牧會者)들을 비롯하여, 하나님의 성도(聖

104

徒)들이 하는 기독교 운동이 하나님의 뜻을 이루기 위한 믿음의 운동이요 기독교 운동이 되어야 할 것이다.

제6강좌에 대한 복습문제

문제 1.   역사를 연구하기 위한 연대의 분류를 어떻게 하는 가를 간단히 말하라

문제 2.   하나님의 창조는 경험의 지식이 아니라 믿음의 지식이라는 것을 말하라

문제 3.   하나님의 창조가 계시의 근원이라는 뜻을 간단히 말하라

문제 4.   하나님의 창조가 삼위일체 하나님의 행동이라는 것을 간단히 말하라

문제 5.   하나님의 창조 목적을 성경 어디에서 찾는가를 말하라

문제 6.   하나님의 창조와 나와의 관계를 간단히 말하라

문제 7.   하나님의 창조와 내가 할 사명에 대한 것을 간단히 말하라

문제 8.   하나님의 창조와 바른 기독교 운동에 대해서 간단히 말하라

문제 9.   기독교 운동이 무엇이라는 것을 자기의 생각한 대로 간단히 말하라

제07강좌

하나님의 섭리

제7강좌

하나님의 섭리(攝理)

Providence of God

성경에는 '하나님의 섭리'라는 말 자체가 없다.

그러나 창조주(創造主) 하나님께서 그의 창조(創造)를 통해서 발생(發生)시켜 놓으신 존재(存在)에 대한 하나님의 관리(管理)를 나타내는 말로는 섭리(攝理, Providence)라는 말 이외에 어떤 다른 적절한 단어(單語)를 찾기가 쉽지 않을 것으로 안다.

그리하여 섭리(攝理)라는 말의 뜻을 말한다면, '섭리란, 하나님께서 지으신 존재(存在)를 다스리고 통치(統治)하시고 돌보시기 위한 수단이다'라고할 것이다.

그러므로 하나님의 섭리(攝理)는 자연히 우리 인간들이 말하는 운명(運命, Fate, Destiny)까지를 포함시켜야 할 말이다. 그리하여 인간의 운명(運命)은 하나님 안에서 우연(偶然)이 아닌 필연적(必然的)인 일이라는 것을 알게 한다.

***

① 섭리 교리의 역사(歷史)
History of the doctrine of Providence

역사적(歷史的)으로 볼 때에 이 섭리(攝理)의 교리(教理)를 두고 적지 않은 시비(是非)가 있었든 것이 사실이다.

에피큐로스(Epiquros)파에 속한 사람들은 이 세계가 우연(偶然, Singular)에 의해서 다스려 진다고

108

주장했는가 하면, 스토익파(Stoicism)에 속한 사람들은 운명(運命, Destiny)에 의해서 다스려 진다고 주장했다.

그러나 우리 기독교의 주장은 성경을 중심으로 하여, 창조주(創造主) 하나님께서 그의 창조(創造)로 발생시킨 존재는 유형(有形)이나 무형(無形)의 것에 상관없이 하나님의 섭리(攝理)에 의해서 다스려 진다고 믿어왔다.

성경은 비록 섭리(攝理)라는 말은 없어도 하나님이 지으신 세계를 당연히 하나님께서 그의 섭리(攝理)로서 통치관리(統治管理)하고 계신다고 믿고 있었기 때문에 어떤 시비(是非)나 논쟁(論爭)의 대상이 될 수 없었다.

1) 초대교회시절(初代敎會時節)의 섭리교리(攝理敎理)

여기에서 말하는 초대교회 시절이란 예수께서 친히 세우신 사도(使徒)들이 활동하던 시대를 중심으로 속사도(屬使徒)들이 활동하던 시절을 두고 이르는 말이다.

이로 볼 때에 기독교에서 말하는 하나님의 섭리(攝理)에 대한 교리(敎理)는 처음부터 있어왔든 것으로 이해된다.

이를 좀 더 적극적(積極的)으로 말하면 하나님의 창조사역(創造事役)이 끝난 다음부터 하나님께서는 그가 지으신 세계를 섭리(攝理)로서 다스리시고 보존(保存)시켜 왔다는 것으로 이해하면 될 것이다.

그리하여 초대교회 시절에는 하나님의 섭리(攝理)에 대한 교리(敎理)의 논쟁(論爭)이 거의 없었 든 것으로 이해된다.

초대교회 시절에는 만물(萬物)이 창조주(創造主) 하나님의 신적(神的)인 통제(統制) 아래 운행(運行)되고 있다는 것을 당연한 교리(敎理, Dogma)로 받아들였기 때문에 크게 시비(是非)가되지 않았다고 보아진다.

그러나 하나님의 섭리교리(攝理敎理)가 논제(論題)로 떠오르게 된 것은 주로 하나님의 예정론(豫定論)의 역사(歷史)와 함께였다고 보는 것이 옳을 것이다.

주로 초대교회 시절의 사도(使徒)들이나 교회의 지도자(指導者)들은 하나님의 섭리(攝理)를 너무도 당연한 것으로 받아 들였으므로 어떤 교리적(敎理的)인 쟁론(爭論)을 할 필요가 없었든 것으로

109

이해된다.

2) 어거스틴의 섭리관(攝理觀)

어거스틴(Augustinus:354-430)은 사도 바울 이후에 태어난 최대의 보수주의(保守主義) 파에 속한 신학자(神學者)로 통한 인물이다.

이러한 어거스틴은 사람들이 말하고 있는 운명론(運命論)이나 우연론(偶然論) 같은 것에 크게 반대(反對) 하는 입장에 섰다.

그리하여 그는 주장하기를, 하나님께서 그의 창조(創造)로 발생시킨 모든 것들이 하나님의 주권적(主權的)이고 은혜(恩惠)로우시고 선(善)하신 하나님의 의지(意志)대로 보존(保存)되고 다스려 진다고 주장했다.

이와 같이 어거스틴은 하나님의 섭리교리(攝理敎理)의 발전에 크게 기여했을 뿐만 아니라, 그는 하나님의 섭리(攝理)를 그의 은총론(恩寵論)과 결부

(結付)시켜서 설명함으로 인간의 운명(運命)까지도 하나님의 섭리(攝理)안에서 이루어진다는 것을 확신하기에 이르렀다.

어거스틴이 활동하던 시절에는 영국(英國)이 낳은 당대의 신학자(神學者) 펠라기어스(Pelagius:360-420)의 이단논쟁(異端論爭)으로 약간의 시비(是非)는 있었으나, 어거스틴은 더 확고(確固)한 성경적인 바른 진리(眞理)를 제시하여 교리발전(敎理發展)에 기여한바 컸다고 할 것이다.

3) 개혁자(改革者)들의 섭리관(攝理觀)

1517년 10월 31일, 독일(獨逸)이 낳은 신학자(神學者) 말틴 루터(Martin Luther: 1483-1546)에 의해서 일어났던 종교개혁(宗敎改革, Reformation)에는 쉽게 뜻을 모을 수가 있었으나 교리(敎理)의 각 부분별로는 좀처럼 통일을 이룰수가 없었다.

그런데도 이 섭리(攝理)의 교리(敎理)에 대해서만은 특별한 견해(見解)의 차이(差異)나 반대(反對)함이 없이 지금 우리가 믿고 있는 그대로가 통용(通用)되었다고 보아진다.

그러나 부디 말한다면 말틴 루터는 죤 칼빈(John Calvin: 1509-1564)에 비해서 하나님의 섭리(攝理)에 대하여 강조(强調)함이 약했든데 비하여, 죤 칼빈은 매우 적극적(積極的)이고 특히 구원론(救援論)에 있어서 하나님의 섭리(攝理)가 더 강조(强調)되었다는 차이(差異)가 있었을 뿐이었다.

하나님께서는 그가 창조(創造)로 만드신 만물(萬物)을 주관(主觀)하심에 있어서 그의 섭리(攝理)안에 일정한 법(法)과 질서(秩序)를 주셨다.

하나님의 사일창조(四日創造)에 대해서 성경은 기록하기를, "하나님이 가라사대 하늘의 궁창에 광명이 있어 주야를 나뉘게 하라. 또 그 광명으로 하여 징조와 사시와 일자와 연한이 이루라. 또 그 광명이 하늘의 궁창에 있어 땅에 비취라 하시고, (그대로 되이라) 하나님이 두 큰 광명을 만드사 큰 광명으로 낮을 주관하게 하시고, 작은 광명으로 밤을 주관하게 하시며, 또 별들을 만드시고 하나님이 그것들을 하늘의 궁창에 두어 땅에 비취게 하시며 주야를 주관하게 하시며, 빛과 어두움을 나뉘게 하시니라. 하나님이 보시기에 좋았더라. 저녁이 되며 아침이 되니 이는 넷째 날이니라"(창1:14-19) 라고 했다.

🌿 🌿 🌿

② 섭리교리(攝理敎理)의 개관(槪觀)
Providence in General

이미 우리는 앞에서 하나님의 섭리(攝理)에 대한 뜻을 살펴본바 있다.

하나님의 섭리(攝理)란, 하나님께서 지으신 모든 만물(萬物)을 비롯하여 피조물(被造物)의 세계(世界)를 보존(保存)하시고, 하나님의 역사(役事)로서 행동(行動)하시고, 창조주(創造主) 하나님의 창조(創造)의 목적(目的)대로 운행(運行)하신다는 것을 하나님의 섭리(攝理)라고 한다는 것도 알았다.

이를 좀 더 쉽게 정리(整理)하면 하나님의 섭리(攝理)에는, 하나님의 보존(保存, Preservation)과, 하나님의 협력(協力, Concurrence)과, 하나님의 통치(統治, Government)라는 세 가지의 요소(要素)를 배제할 수 없다.

하나님의 보존(保存)은 하나님께서 지으신 모든 존재(存在, Existence)에서 나타나고, 하나님의 협력(協力)은 그의 활동(活動, Activity)에서 나타나고, 하나님의 통치(統治)는 그의 백성들에 대한 지도(指導, Guidance)에서 드러나고 있다.

111

1) 하나님의 섭리(攝理)의 대상(對象)

하나님의 섭리(攝理)에는 일반섭리(一般攝理, General Providence)와 특별섭리(特別攝理, Special Providence)의 두 가지가 있다.

그리하여 하나님께서는 그의 일반 섭리로서 대자연(大自然)의 질서(秩序)를 비롯하여 우주(宇宙)를 운항(運航)하시고 관리(管理)하신다.

그러나 하나님께서는 그의 특별섭리의 방법으로 우주의 부분적인 통제행위(統制行爲)와 사건(事件)들을 조율(調律)하신다.

어떤 때는 축복(祝福)으로 또 어떤 때는 천재지변(天災地變)같은 재앙(災殃)으로 하나님의 진노(震怒)의 뜻을 표현하기도 하신다.

성경에서는 이 섭리(攝理)를 하나님의 통치(統治, Reign)와 하나님의 지배(支配, Management)의 수단이라고 수없이 말씀해 주셨다.

성경에서 어떻게 말씀하고 있는가를 성경말씀 그대로를 찾아서 옮겨 본다.

> "여호와께서 그 보좌를 하늘에 세우시고, 그 정권으로 만유를 통치 하시도다"(시103:19).

> "모든 일을 그 마음의 원대로 역사하시는 자의 뜻을 따라 우리가 예정을 입어 그 안에서 기업이 되었으니,"(엡1:11).

> "저가 가축을 위한 풀과 사람의 소용을 위한 채소를 자라게 하시며, 땅에서 식물이 나게 하시고,"(시104:14).

> "이 같이 한즉 하늘에 계신 너희 아버지의 아들이 되리니, 이는 하나님이 그 해를 악인과 선인에게 비취게 하시며, 비를 의로운 자와 불의한 자에게도 내리우심이라"(마5:45).

> "여호와께서 달로 절길르 정하심이여, 해는 그 지는 것을 알도다. 주께서 흑암을 지어 밤이 되게 하시니 삼림의 모든 짐승이 기어 나오 나이다"(시104:19-20).

> "공중의 새를 보라. 심지도 않고 거두지도 않고 창고에 모아 들이지도 아니하되, 너희 천부께서 기르시나니, 너희는 이것들보다 귀하지 아니하냐?"(마6:26).

> "나의 불법과 죄가 얼마나 많으니이까? 나의 허물과 죄를 내게 알게 하옵소서. 주께서 어찌하여 얼

112

굴을 가리우시고 나를 주의 대적으로 여기시나이까?"(욥13:23-24).

"나의 하나님이 그리스도 예수 안에서 영광 가운데 그 풍성한 대로 모든 쓸 것을 채우시리라"(빌 4:19).

"사람이 회개치 아니하면 저가 그 칼을 갈으심이여, 그 활을 이미 당기어 예비 하셨도다. 죽일 기계 를 또한 예비하심이여, 그 만든 살은 화전이로다"(시7:12-13).

2) 하나님의 섭리(攝理)와 인간의 운명(運命)

현대(現代)를 살아가는 사람들은 자기의 운명(運命)에 대하여 말을 하면서도 구체적인 뜻이 없 이 막연히 부디쳐 올 하나의 사건(事件, Event)으로 받아들이겠다는 경향이 짙다.

그리하여 사람의 운명(運命)이란 막연히 자기도 모르게 부디쳐 올 하나의 사건(事件)이라는 정도로는 알고 있을 뿐 어떤 구체적(具體的)인 대비책(對備策)이나 과정(過程)에서의 노력(勞力)은 없다.

현대과학문명(現代科學文明, Modern Science Civilization)의 아버지라고 할 수 있는 토마스 에디슨 (Thomas Edison:1847-1931)은 말하기를. '천재(天才)는 99%의 노력(努力)과 1%의 영력(靈力)으로 이루 어진다'라고 했다.

그런데도 숙명론(宿命論)에 빠져든 사람들은 자기의 운명(運命)을 막연히 찾아 올 것이라는 기 대에다 맡겨 버린다.

그리고 현대를 살아가는 성도들의 일부에서는 기복(祈福)과 은사(恩賜) 중심의 신앙이 습관화(習慣化) 된 것 같으나, 성경은 우리에게 최선(最善)의 자기노력(自己勞力)을 요구하고 있다.

그것은 막연히 찾아오는 운명(運命)을 받아들이기 위함이 아니라, 하나님의 섭리(攝理) 안에서 필연적(必然的)으로 찾아올 하나님의 상급(賞給)으로 받기 위함인 것이다.

그러므로 사람들이 생각하는 운명(運命, Destiny)은 막연히 찾아올 하나의 우연(偶然, Singular)의 기 대(期待)가 아니라, 하나님을 믿는 믿음 안에서 필연적(必然的, Certainly)으로 찾아 올 하나님의 상 급(賞給)인 것이다.

그래서 그리스도인들은 당당하게 말하기를, ' 믿고 하면 된다 하자'라고 외치면서 믿음의 실 113

상(實狀, Substance)을 향해서 달려간다.

그러나 성경은 하나님의 섭리(攝理)와 우리 인간의 운명(運命)에 대한 것을 분명히 깨달아 알도록 말씀 해주고 있다.

그리고 우리 인간의 운명(運命)이나 수명(壽命)은 '하나님의 은혜언약(恩惠言約)'안에서 필연적으로 이루어질 하나님의 뜻이다.

> "세례 요한의 때부터 지금까지 천국은 침노를 당하나니 침노하는 자는 빼앗느니라"(마11:12).

> "내가 이미 얻었다 함도 아니요, 온전히 이루었다함도 아니라. 오직 내가 그리스도 예수께 잡힌바
> 된 그것을 잡으려고 푯대를 향하여 좇아 가노라. 형제들아, 나는 아직 내가 잡은 줄로 여기지 아니
> 하고, 오직 한 일 곧 뒤에 있는 것은 잊어버리고 앞에 있는 것을 잡으려고 푯대를 향하여 그리스도
> 예수 안에서 하나님이 위에서 부르신 부름의 상을 위하여 좇아 가노라"(빌3:12-14).

✎ ✎ ✎

③ 하나님의 특별섭리(特別攝理)의 요소(要素)
Elements of providence in particular

이미 하나님의 섭리(攝理)에는 일반섭리(一般攝理)와 특별섭리(特別攝理)가 있다는 것을 알고 있다.

그리고 하나님의 성도(聖徒)들에게는 언제나 하나님의 특별섭리(特別攝理)가 따른다는 것도 믿고 있다.

그리고 이 특별 섭리는 믿음 안에서 필연적(必然的)인 하나님의 상급(賞給)이라는 것도 믿고 있다.

그러나 우리가 여기에서 더 알아야 할 것은 그러한 하나님의 특별 섭리가 어떠한 요소(要素)를 가지고 있어서 그렇게 필연적(必然的, Certainly)으로 이루어지게 될 것인가 하는 것을 알아보려는 것이다.

1) 하나님의 보존(保存)

하나님께서는 그가 만드신 모든 존재(存在, Existence)를 비롯하여 사건(事件, Event)들은 물론 그가 택(擇)하여 세우신 하나님의 성도(聖徒, Saints)들을 지키시고 보존(保存, Preservation)하시기 위해서 특별 섭리를 베풀어 주신다.

여기에서 말하는 보존(保存)이란 하나님의 지켜주심의 책임(責任)으로서 바로 이것이 하나님의 섭리(攝理)라는 말과도 같다.

하나님께서는 그의 창조 사역으로 그의 활동을 끝내 버리신 것이 아니라, 섭리(攝理)로서 계속 일을 하고 계신다.

그리하여 우리는 나의 모든 것을 살아서 역사하시는 하나님께 맡겨 버리고 오직 하나님이 기뻐하시는 하나님의 필요요구(必要要求)의 사람만 된다면 전지전능(全知全能)하신 하나님의 관리 아래 들어간다는 말이다.

그래서 우리는 하나님께 믿음으로 맡기고 오직 충성(忠誠)만 다하면 된다는 것이다.

2) 하나님의 협력(協力)

하나님의 섭리(攝理)에 대한 두 번째의 요소(要素)는 하나님의 협력(協力, Concurrence)이다.

하나님의 협력(協力)이란, 인간들의 자기노력(自己勞力)에 유기적(有機的)으로 힘과 지혜(智慧)를 더해 주신다는 말이다.

역대의 모든 성현(聖賢)들이 자기의 최선(最善)을 다한 다음 하나님의 은혜와 사랑의 축복(祝福)으로 뭇 사람들에게 인정(認定)을 받고 존경(尊敬)을 받게 되었든 것이다.

더구나 하나님의 사람들이랴……!

> "너희 중에 누구든지 지혜가 부족하거든 모든 사람에게 후(厚)히 주시고 꾸짖지 아니하시는 하나님께 구하라. 그리하면 주시리라"(약1:5).

우리는 하나님의 섭리(攝理)로 협력(協力)해 주신다는 것을 가리켜서 이를 하나님의 협력   115

(Concurrence of God) 또는 신적협력(神的協力, Spiritual concurrence)이라고 말한다.

하나님의 협력(協力)은 그 일이 하나님의 의지(意志)에 부합(附合)할 때에만 가능(可能)한 것이다.

즉 나의 사욕(私慾)을 채우기 위함이 아니라, 하나님의 뜻을 이루어 드리기 위함(咸)일 때에만 하나님의 협력(協力)이 가능(可能)하다는 말이다.

예컨대 하나님의 이적(異蹟, Miracle)에 대한 것을 생각해 보자. 이적(異蹟)이란 내가 기도(祈禱)해서 되어진 것이 아니라, 하나님이 함께하셔서, 나를 신임(新任, Trust)해 주셨고, 그것이 하나님의 뜻에 합당(合當)할 때에 이루어지는 것이다.

즉 이적(異蹟)이란 하나님의 의지(意志)의 성취(成就)라는 말이다.

우리는 여기에서 하나님의 협력(協力)에 대한 교리(敎理)의 의미를 바로 이해할 수 있을 것이다.

어떠한 경우에도 하나님의 협력(協力)은 하나님의 뜻에 합당(合當)한 것이 아니고는 응답(應答)해 주시지 않는다는 것을 알아야 한다.

> "뜻이 하늘에서 이루어 진 것 같이 땅에서도 이루어 지이다"(마6:10).

> "당신들이 나를 이 곳에 팔았으므로 근심(根心)하지 마소서. 한탄(恨歎)하지 마소서. 하나님이 생명(生命)을 구원(救援)하시려고 나를 당신들 앞서 보내셨나이다"(창45:5).

> "요셉이 그들에게 이르되, 두려워 마소서. 내가 하나님을 대신 하리이까? 당신들은 나를 해하려 하였으나 하나님은 그것을 선(善)으로 바꾸사 오늘과 같이 만민의 생명을 구원하게 하시려 하였나니,"(창50:20).

> "아브라함과 이삭과 야곱의 하나님 곧 우리 조상의 하나님이 그 종 예수를 영화롭게 하셨느니라. 너희가 저를 넘겨주고 빌라도가 놓아주기로 결안한 것을 너희가 그 앞에서 부인하였으니, 너희가 거룩하고 의로운 자를 부인하고 도리어 살인 한 사람을 놓아주기를 구하여 생명의 주를 죽였도다. 그러나 하나님이 죽은 자 가운데서 살리셨으니 우리가 이 일에 증인이로라"(행3:13-15).

116

3) 하나님의 통치(統治)

하나님의 섭리(攝理)의 세 번째의 요소(要素)는 하나님의 통치(統治, Reign)이다.

하나님의 통치(統治)는 보편적(普遍的)인 의미에서 전 우주적(宇宙的)이면서, 또한 구속(救贖)함을 받은 하나님의 자녀(子女)들에 대한 특별통치(特別統治)로 나타난다.

그리하여 보편적(普遍的)인 의미에서 하나님의 통치(統治)는 전 우주(宇宙)의 자연질서(自然秩序)를 통해서 나타나지만, 천재지변(天災地變) 같은 돌발적(突發的)인 사건이나 역사적(歷史的)으로 되어지는 모든 사건은 물론, 사람의 각 개인(個人)이나 사회(社會)나 전 세계 모든 나라에서 되어지는 모든 일들을 다 하나님의 통치(統治) 안에서 관장(管掌)하고 계신다.

특히 믿음의 성도(聖徒)들에게는 하나님께서 아브라함(Abraham)을 부르실 때에 약속(約束)해 주신 말씀들을 주의(注意)깊게 생각해 볼 필요가 있다. 최소한 살아계신 하나님의 섭리(攝理)를 믿는 신앙인이라면 모든 것을 전적으로 하나님께 맡기고, 하나님께 의지(依支)하고, 하나님만 바라보고 나가는 사람은 하나님께서 그 사람에 대한 책임(責任)을 저 주신다는 것을 알 수 있다.

> "여호와께서 아브람에게 이르시되 너는 너의 본토 친척 아비 집을 떠나 내가 네게 지시할 땅으로 가라 내가 너로 큰 민족(民族)을 이루고 네게복(福)을 주어 네 이름을 창대(昌大)케 하리니 너는 복(福)의 근원(根源)이 될지라(창12:1-2)

이 말씀을 통해서 볼 때에 하나님의 섭리(攝理)로서 이루어지는 하나님의 통치(統治)는 어떤 물질적(物質的)인 것의 소유(所有)나 인위적(人爲的)인 조건(條件)이나 환경(環境)이 아니라 전적으로 하나님을 향한 믿음(信仰, Faith)이라는 것을 알게 한다.

그런 사람만이 사도 바울이나 어거스틴(Augustinus: 354-430)같은 믿음의 고백(告白, Confession)이 나오게 될 것이다.

> "그러나 나의 나 된 것은 하나님의 은혜로 된 것이니, 내게 주신 그의 은혜가 헛되지 아니하여 내가 모든 사도보다 더 많이 수고하였으나 내가 아니요 오직 나와 함께하신 하나님의 은혜로라"(고전15:10).

우리는 영원히 살아계신 하나님을 '아버지'로 부르고 그렇게 믿는다.

그 하나님과 나와의 관계는 아버지와 아들의 관계로서, 이 관계는 내 안에 계신 성령 하나

117

님께서 맺어주신 관계이다. 그러므로 나는 하나님을 '아바, 아버지'라고 부르는 하나님의 양자(養子)요, 후사(後嗣)가 되었다.

그러므로 내가 하나님을 위하여 드리는 수고의 보람은 하나님의 후사가 되었기 때문이요, 또한 그리스도의 고난에 동참하기 위함일 뿐이다.

측량(測量)할 수 없는 하나님의 은혜가 감사하여, 눈물의 제단(祭壇)을 쌓고 부르다가, '몸 밖에 드릴 것 없어 이 몸 바칩니다'라고 하는 뜻은 내게 베푸신 하나님의 은혜(恩惠)가 너무도 크고 많아서, 감사만극(感謝萬極)해서라는 말 밖에 다른 말이 없다.

> "무릇 하나님의 영(靈)으로 인도함을 받는 그들은 곧 하나님의 아들이라. 너희는 다시 무서워하는 종의 영(靈)을 받지 아니하였고, 양자(養子)의 영(靈)을 받았으므로 아바, 아버지라 부르짖느니라. 성령이 친히 우리(靈)으로 더불어 우리가 하나님의 자녀인 것을 증거 하시나니, 자녀이면 또한 후사 곧 하나님의 후사(後嗣)요 그리스도와 함께한 후사니 우리가 그와 함께 영광을 받기 위하여 고난도 함께 받아야 할 것이니라"(롬8:14-17).

제7강좌에 대한 복습문제

문제 1. 하나님의 섭리에 대한 정의를 말하라

문제 2. 초대교회 시절의 섭리론에 대해서 간단히 말하라

문제 3. 어거스틴의 설리관에 대해서 간단히 말하라

문제 4. 하나님의 섭리의 대상에 대해서 간단히 말하라

문제 5. 하나님의 섭리와 인간의 운명에 대해서 간단히 말하라

문제 6. 하나님의 특별섭리의 세 가지 요소를 말하라

문제 7. 하나님의 섭리와 자기의 신앙을 간단히 말하라

문제 8. 하나님의 관리 하에 들어가기 위한 믿음의 조건들을
자기가 생각하는대로 간단히 말하라

제08강좌

천사론

제8강좌

천사론(天使論)
Doctrine of Angeles

솔직하게 말해서 천사론(天使論)에 대한 것은 그렇게 크고 중요한 교리(敎理, Dogma)는 아니라고 생각한다.

그러나 우리가 반드시 알아야 할 것은 천사(天使)도 창조주(創造主) 하나님에 의해서 지으심을 받은 영물(靈物)이요, 피조물(被造物)로서 성경에 자주 천사(天使)가 등장(登場) 하므로, 필요로 한 만큼의 천사(天使)에 대해서도 신학적(神學的)인 지식(知識)을 갖추어 놓아야 하기 때문에 중요하다고 할 것이다.

하나님의 창조(創造)는 현실세계(現實世界, Actuality world)와 영적세계(靈的世界, Spiritual world)외에 사람을 중심으로 한 물질세계(物質世界, Material world)와 정신세계(精神世界) 모든 것들을 다 만드셨다.

그러므로 영적인 세계에 속한 영물(靈物)도 지으심을 받은 하나님의 피조물(被造物)이기 때문에 이에 대한 신학적(神學的)인 지식(知識)을 갖추어야 할 것이며, 더 중요한 것은 천사론(天使論)으로 인해서 발생하는 신학적(神學的)인 논쟁(論爭)과 오해(誤解)들을 바로 잡아주기 위해서는 천사(天使)들에 대한 것도 알아두어야 한다.

✔ ✔ ✔

① 역사적(歷史的)으로 보는 천사론(天使論)

Historical essay of the Engels

역사적(歷史的)으로 볼 때에 성경에 나타난 천사들에 대한 논의(論議)는 처음부터 있어왔든 것으로 이해된다.

초대교회 시절에는 이 천사들이 영체(靈體, Ethereal body)를 가진 인격적존재(人格的存在, Personal existence)로서, 하나님께로부터 처음 지으심을 받으실 때에 도덕적(道德的)인 자유(自由)를 부여(賦與)받은 영물(靈物)로 인식(認識)되어왔다.

그러나 시간(時間)이 흐름에 따라서 이 천사(天使)들에 대한 인식(認識)이 달라짐에 따라서 여러 가지의 이론(異論)들이 쏟아져 나왔으므로 자연히 이에 대한 바른 정리(整理)를 해야 할 필요를 느끼게 되었다.

1) 어거스틴의 견해(見解)

어거스틴(Augustinus: 354-430)은 교부시대(敎父時代)를 마감하는 대표적인 신학자(神學者)로서, 기독교 신학에서 갖는 비중이 거의 절대적이기 때문에 그가 주장하는 교리(敎理)나 사상(思想)들은 경청(傾聽)해 두는 것이 옳다고 생각한다.

어거스틴이 말한 천사(天使)들은 처음에는 하나님과 인간들 사이에 중재역(仲裁役)을 잘 했으나, 점차적으로 교만(驕慢)하여졌고, 나아가서는 인간의 여자(女子)들에 대한 정욕(情慾)을 이기지 못하여 타락(墮落)하게 되었다고 하여, 천사(天使)들이 타락(墮落)하게 된 원인(原因)을 교만(驕慢, Pride)과 여인(女人)들을 향한 정욕(情慾, Passion) 때문이라고 했다.

> **"하나님의 아들들이 사람의 딸들의 아름다움을 보고 자기들의 좋아하는 모든 자로 아내를 삼는지라"**(창6:2)

2) 라오디게아 공의회(公議會)의 결정(決定)

기독교 운동이 초대교회 시절을 지나 4세기경으로 접어들면서 다신론(多神論, Polytheism)쪽으로 기울어지면서 자연히 천사(天使)들을 숭배(崇拜)하는 풍속이 발전하게 되었다.

그러므로 4세기의 중엽인 364년에 모인 라오디게아 공의(公議會, Laodigea Council)에서는 천사숭배설(天使崇拜說) 자체를 단죄(斷罪)해 버렸다.

그리고 천사(天使)의 출현(出現)은 계시적(啓示的)인 목적을 위하여 천사(天使)들이 일시적(一時的)인 신체(身體)의 형태(形態)를 취했다고 가정(假定)하는 것으로 결론지어 버렸다.

모든 교리(敎理)가 정해지기까지의 역사적인 과정(過程)을 볼 때에 처음에는 별 다른 시비(是非)거리가 되지 않았으나, 그것이 시간이 지나고 사회환경(社會環境)의 변화(變化)에 따라서 큰 문제로 부상(浮上)하게 되는 경우들을 종종 볼 수있다.

3) 벨직 신앙고백서(信仰告白書)의 제1조

여기에서 말하려는 벨직신앙고백(Belgic Confession)은 1561년 벨직(Belgic)에 모여서 채택(採擇)한 신앙고백서(信仰告白書)로서, 그 제1조에서 천사(天使)에 대하여 다음과 같이 규정하고 있다.

> "하나님은 또한 천사도 선하게 창조(創造) 하셔서 자기의 사자(使者)가 되어 선택 된 사람들에게 봉사(奉仕)하도록 하였다 그런데 어떤 천사들은 하나님께서 창조(創造)해 주신 탁월(卓越)한 성질(性質)에서 타락(墮落)하여 영원히 멸망(滅亡)하게 되었다 그리고 남은 천사(天使)들은 하나님의 은혜(恩惠)로 시종여일(始終如一)하게 본래의 상태를 유지하고 있다 악귀(惡鬼)들과 악령(惡靈)들은 타락(墮落)하여 자기들의 힘이 미치는 데 까지 하나님과 모든 선(善)한 일의 원수(怨讐)가 되어서 교회와 교회의 개개 회원(會員)을 유린(蹂躪)하려고 지켜보며 또 그들의 악(惡)한 획책(劃策)으로 모든 것을 파괴(破壞)하려는 살인자(殺人者)처럼 행한다 그리하여 자기들 자신의 악(惡) 때문에 영원한 정죄(定罪)를 받아 날마다 무서운 고통(苦痛)을 기다리게 되었다"

우리 인간(人間)이 천사(天使)들을 섬기고 두려워하는 것은 죄(罪) 아래 메어있기 때문이다. 그러나 우리 인간의 구속(救贖)이 완성되면 천사(天使)들도 하나님과 우리 인간을 섬기는 종으로서의 활동을 하게 될 것이다.

우리 인간은 하나님 닮음의 피조물(被造物)로서 처음부터 천사(天使)들의 우위(優位)에 있게 지으심을 받았다.

* * *

② 천사(天使)의 존재(存在)와 본성(本性)
Existence and original nature of the Angels

천사(天使)들의 세계(世界)는 영물(靈物)의 세계이기 때문에 우리로서는 더 많은 것을 자세히 알 수 가없다.

그러나 우리는 성경에서 말씀해 주고 있는 범위(範圍) 안에서 알고 넘어가야 할 신학적(神學的)인 책임(責任)과 이유(理由)가 있다.

그리고 지금은 천사(天使)가 사람들의 위에 존재(存在)하는 것 같으나, 그것은 우리 인간의 구원이 완성되기 가지일 뿐, 그 다음에는 하나님께 드리는 예배(禮拜)의 시종(侍從)과, 구원 받은 하나님의 자녀(子女)로서 우리 인간들을 섬기고 봉사(奉仕)를 해주는 일 외에 다른 것들이 있을 수 없다.

그러면서도 천사는 이성적(理性的)이고, 영적(靈的)이고, 무형적(無形的)이고, 도덕적(道德的)이며, 불멸(不滅)의 존재라는 것을 성경은 말씀 해주고 있다.

천사(天使)들에 관한 성경말씀 몇 곳만을 소개한다.

물론 천사론(天使論)에 대한 말씀들을 더 자세하게 연구하려면 많은 범위 안에서 다각적(多角的)인 연구(硏究)와 검토(檢討)가 필요할 것이나, 그렇게 크게 다루어야 할 문제는 아닌 것으로 안다.

> "이 섬긴바가 자기를 위한 것이 아니요 너희를 위한 것임이 계시로 알게 되었으니 이것은 하늘로부터 보내신 성령을 힘입어 복음을 전하는 자들로 이제 너희에게 고한 것이요 천사들도 살펴보기를 원하는 것이니라"(벧전1:12)

125

1) 천사(天使)의 존재(存在)에 대하여

천사(天使)들도 하나님의 피조물(被造物, Creatures)로서의 존재(存在)에 대한 영물(靈物)이라는 것을 알고 있다.

그리고 천사(天使)는 무형적(無形的)인 존재(存在)이면서 어떤 때는 일시적(一時的)으로나마 하나님의 부리심을 받고 사람과 같이 몸을 가진 유형체(有形體)로 나타나기도 한다.

그러므로 천사의 존재(存在)를 인정(認定)하기는 하되, 성경에서 말씀하고 있는 이상으로는 생각할 필요가 없다.

다음에도 나오겠으나, 천사(天使)는 하늘 위에서는 하나님을 찬양(讚揚)하고 예배(禮拜)를 드리면서 하나님과 사람들 사이를 내왕(來往)하면서 전달자(傳達者)요 봉사자(奉仕者)로서의 임무(任務)를 수행하기 위해서 하나님께로부터 지으심을 받았다.

성경에는 하나님께서 인간들처럼 천사(天使)들의 창조(創造)에 대해서 구체적으로 말씀하신 바가 없고 다만 부리는 사자(使者)로는 자주 말씀해 주신 것을 본다.

> "여호와께서 그 보좌를 하늘에 세우시고 그 정권으로 만유를 통치 하시도다 능력이 있어 여호와의 말씀을 이루며 그 말씀의 소리를 듣는 너희 천사여 여호와를 송축하라 여호와를 봉사하여 그 뜻을 행하는 너희 모든 천군이여 여호와를 송축하라 여호와의 지으심을 받고 그 다스리시는 모든 곳에 있는 너희여 여호와를 송축하라 내 영혼아 여호와를 송축하라"(시103:19-22)

> "천사가 내게 말하기를 기록하라 어린 양의 혼인 잔치에 청함을 입은 자들이 복이 있도다 하고 또 내게 말하되 이것은 하나님의 참되신 말씀이라 하기로 내가 그 발 앞에 엎드려 경배하려 하니 그가 나더러 말하기를 나는 너와 및 예수의 증거를 받은 네 형제들과 같이 된 종이니 삼가 그리하지 말고 오직 하나님께 경배하라 예수의 증거는 대언의 영이라 하더라"(계19:9-10)

> "여호와께서 마므레 상수리 수풀 근처에서 아브라함에게 나타나시니라 오정 즈음에 그가 장막 문에 앉았다가 눈을 들어 본즉 사람 셋이 맞은편에 섰는지라 그가 그들을 보자 곧 장막 문에서 달려나가 영접하며 땅에 굽혀"(창18:1-2)

2) 천사(天使)의 본성(本性)에 대하여

성경은 천사들의 본성(本性)에 대하여 매우 구체적(具體的)으로 많이 말씀해 주고 있다.

천사(天使, Angel)들 역시 창조주(創造主, Creator) 하나님께로부터 지으심을 받은 피조물(被造物, Creature)로서, 영적(靈的)이고, 도덕적(道德的)이고, 불멸성(不滅性)을 가지고 있으나, 일부는 선(善)하고 또 일부는 악(惡)한 천사라고 말씀하고 있으나, 이에 대한 구체적은 기록은 생략(省略)되어 있다는데 유위할 필요가 있다.

다만 인간(人間)의 범죄(犯罪)가 천사(天使)의 타락(墮落)으로부터 왔다는 교리(敎理를 이해할수 있는 근거는 분명하게 해 준다.

"하나님께서 범죄(犯罪)한 천사(天使)들을 용서(容恕)치 아니하시고 지옥(地獄)에 던져 어두운 구덩이에 두어 심판(審判)때지 지키게 하셨으며"(벧후4)

"천사장(天使長) 미가엘이 모세의 시체(屍體)에 대하여 마귀(魔鬼)와 다투어 변론(辯論)을 할 때에 감히 훼방(毁謗)하는 판결을 쓰지 못하고 다만 말하되 '주께서 너를 꾸짖으시기를 원하노라 하였거늘"(유7)

"하나님과 그리스도 예수와 택하심을 받은 천사들 앞에서 내가 엄히 명하노니 너는 편견(偏見)이 없이 이것들을 지켜 아무 일도 편벽(偏僻)되이 하지 말라"(딤전5:21)

"이것이 이상한 일이 아니라 사단도 자기를 광명(光明)한 천사(天使)로 가장(假裝)하나니"(고전11:14)

"삼가 이 소자(小子) 중에 하나도 업신여기지 말라 너희에게 말하노니 저희 천사(天使)들이 하늘에서 하늘에 계신 내 아버지의 얼굴을 항상 뵈옵느니라"(18:10)

"저희는 다시 죽을 수도 없나니 이는 천사(天使)와 동등(同等)이요 부활의 자녀(子女)로서 하나님의 자녀임이니라"(눅20:36)

3) 천사(天使)의 명칭(名稱)에 대하여

성경은 천사(天使)들의 명칭(名稱)이나 그 수(數)에 대해서는 구체적인 언급(言及)이 없이 다만 그

127

수효(數爻)가 많다는 정도로만 표현하고 있다.

예수께서도, '열두 영(營) 되는 천사'(Twelve legions of angeles)라고만 말씀하셔서 천사의 다수(多數)를 알게 해주고 있다.

그리하여 성경(聖經)에서는 천사(天使)들의 수(數)에 대하여 말씀하시기를, '그룹(Cherubim)들'(창3:24, 출25:50, 시80:1,히9:5), 또는 '스랍(Seraphim)들'(사6:2)이라는 말씀으로만 표현하고 있다.

그러므로 우리는 천사(天使)들의 수(數)가 많다는 것으로만 이해(理解)하면 될 것이다.

> "너는 내가 내 아버지께 구하여 지금 열두 영(營) 더되는 천사(天使)를 보내게할 수 없는줄로 아느냐?"(마26:53)

예수님 당시에 로마 군대(軍隊)의 조직(組織)으로 볼 때에 한 영(營)은 3천명에서 6천명 정도로 편대(編隊)되어 있었다.

> "내가 또 보고 들으매 보좌(寶座)와 생물(生物)들과 장로(長老)들을 둘러선 많은 천사(天使)의 음성이 있으니 그 수(數)가 만만(萬萬)이요 천천(千千)이라"(계5:11)

그리고 성경에서는 다만 가브리엘(Gabriel) 천사(天使)와, 미가엘(Michael) 천사(天使)의 이름만을 표기(表記)해 주고 있으나(단8:16, 눅1:19, 26, 계8:2, 단10:13, 21, 유9, 계12:7) 그 외의 천사(天使)들에 대한 이름들은 모두가 성경의 정경(正經, Canon)이 아닌 외경(外經, Apocrypha)에 의한 것들이라는 것을 알아야 한다.

또한 우리는 성경 이외에서 말하는 천사(天使)들에 대한 것은 참고(參考) 이상의 적극적인 표현을 해야 할 필요는 없다.

4) 천사(天使)의 직무(職務)에 대하여

천사(天使)들에게는 일반적인 직무와 특별한 직무가 있다.

일반적(一般的)인 직무(職務)로는 하나님을 찬양(讚揚)하는 일과(욥38:7, 시103:20, 148:2, 계5:1), 하나님의 성도(聖徒)들을 보호(保護)하는 일과(히1:14, 시34:7, 91:11, 마18:10), 죄인(罪人)들의 회심(回心)을 도와주는

128

일과(눅15:10), 하나님의 교회(教會)안에 임재(臨在)하는 일과(고전11:10, 딤전5:21, 엡3:10, 벧전1:12), 하나님의 성도(聖徒)들을 아브라함(Abraham)의 품으로 인도(引導)하는 일을 한다(눅16:22).

그리고 특별(特別)한 직무(職務)로는 하나님의 계시(啓示)에 대한 것과, 예수 그리스도의 재림(再臨)과 심판(審判)하시는 일에 시종(侍從)을 들게 된다(마28:3, 막16:5, 행1:10).

성경에서 천사(天使)에 대하여 더 이상의 언급(言及)이 없는 것은 이미 말한바 있거니와, 천사(天使)들은 천계(天界)에 속한 영물(靈物)로서 우리 인간들의 생활권(生活圈)에 있지 않은 존재(存在)들이므로 다만 우리에게 연관 된 범위 안에서만 이해하는 것으로 족해야 할 것이기 때문이라는 것을 알 수 있다.

제8강좌에 대한 복습문제

문제 1. 어거스틴의 천사론에 대한 것을 간단히 말하라

문제 2. 천사론에 대한 라오디게아 공의회의 결의에 대하여 간단히 말하라

문제 3. 천사론에 대한 벨직 신앙고백서의 제1조에 대한 것을 간단히 말하라

문제 4. 천사의 존재에 대하여 간단히 말하라

문제 5. 천사의 본성에 대하여 간단히 말하라

문제 6. 천사의 명칭에 대하여 간단히 말하라

문제 7. 천사들의 직무에 대하여 간단히 말하라

문제 8. 성경이 왜 천사에 대하여 더 많은 언급을 하지 않는가를 말하라

문제 9. 천사들의 수에 대한 것을 간단히 말하라

문제 10. 우리 인간과 천사들과의 차별을 간단히 말하라

문제 11. 천사들이 타락하게 되었든 이유의 두 가지를 말하라

제09강좌

인간론의 개요

인간론(人間論)의 개요(槪要)

Outline of the Doctrine of Man

우리가 조직신학(組織神學, Systematic Theoogy)에서 인간론(人間論)을 신론(神論) 다음에 배정(配定)하는 것은 지극히 당연하다고 본다.

왜냐하면 하나님의 형상(形象, Image)과 모양(貌樣, Likeness)에서 '하나님 닮음'으로 지으심을 받은 인간의 범죄(犯罪)와 타락(墮落)은 자연히 구원(救援)을 필요로 하게 되었다.

하나님께서는 이를 위해서 제2위 하나님이신 예수 그리스도의 내림(來臨)과, 제3위 하나님이신 성령(聖靈)의 사역(事役)이 필요하게 되었으므로 자연히 기독론(基督論)이나 성령론(聖靈論)에 앞서서 인간론(人間論)을 먼저 연구하는 것이 순서(順序)의 배열상(配列上) 옳다고 본다.

그리고 인간에 대해서 무엇을 어떻게 신학적(神學的)으로 연구를 하고 진행(進行)하게 될 것인가 하는 문제를 논하게 된다.

그리하여 우리는 인간론(人間論)을 공부함에 있어서 원시상태(元始狀態)의 인간과, 죄(罪)의 상태(狀態)에 있는 인간과, 하나님의 은혜언약(恩惠言約) 안에 있는 인간으로 나누어서 연구에 임하게 될 것이다.

성경의 사상(思想)은 하나님 다음에 우리 인간으로 보고 있다는데 유념(留念)해야 할 것이다.

물론 그렇다고 해서 우리 인간을 과대평가(過大評價)하라는 말은 아니다.

또 그렇다고 해서 우리 인간을 과소평가(過小評價)하라는 말도 아니다.

다만 우리 인간에게서 죄악(罪惡)만 거두어 버린다면 '하나님의 자녀(子女)요 천국(天國)의 시민(市民)'으로서 하나님과의 동거(同居)를 하게 될 존재(存在)이다.

그러므로 예수께서는 말씀하시기를, **"사람이 만일 온 천하(天下)를 얻고도 제 목숨을 잃으면 무엇이 유익하리요. 사람이 무엇을 주고 제 목숨을 바꾸겠느냐"**라고 하셨다(마16:26).

① 원시상태(原始狀態)의 인간(人間)
Original state of Man

    일반적으로 인류학(人類學, Anthropology)에서는 원시상태(原始狀態)의 처음 인간들을 아주 미개(未開)한 야만적(野蠻的)인 존재(存在)로 알고 있으나 이것은 크게 잘못된 것이다.

    성경은 처음부터 우리 인간은 모든 피조물(被造物)들의 면류관(冕旒冠, Crown)이요, 만물의 영장(Man is the lord of creatures)이라는 지위(地位)와 특권(特權)을 가지고 있었다고 말씀하고 있다,

    이는 창조주(創造主, Creator) 하나님께서 인간을 창조(創造)하시기 이 전에 이미 부여해 주신 명예(名譽)요 지위(地位)였다 (창1:26, 2:7 참조).

    인간은 야만적(野蠻的)이고 미개(未開)한 상태에서 점진적으로 발전한 것이 아니라, '하나님 닮음의 생령(生靈, Living being)'으로서의 불멸성(不滅性)과 다른 피조물(被造物)들에 뛰어난 이성적(理性的)인 지식(知識)을 가지고 태어났다.

    전지전능(全知全能)하신 하나님께서 우리 인간을 만드시되, 창조(創造)하시기 전에 이미 인간에 대한 지위(地位)와 특권(特權)을 베풀어 주시고, 이 인간에게 하나님께서 지으신 모든 것들에 대한 지배권(支配權)과 관리권(管理權)을 맡겨주셨다.

> "하나님이 그들에게 복을 주시며 그들에게 이르시되 생육하고 번성하여 땅에 충만 하라 땅을 정복하라 바다의 고기와 공중의 새와 땅에 움직이는 모든 생물을 다스리라 하시니라"(창1:29)

> "여호와 하나님이 흙으로 각종 들 짐승과 공중의 각종 새를 지으시고 아담이 어떻게 이름을 짓나 보시려고 그것들을 그에게로 이끌어 이르시니 아담이 각 생물을 일컫는 바가 곧 그 이름이라 아담이 모든 육축과 공중의 새와 들의 모든 짐승에게 이름을 주니라"(창2:19-20)

    다만 인간이 처음 창조(創造)되었을 때에는 현대적(現代的)인 문화(文化, Culture)의 혜택(惠澤)을 누리지 못하였다고 할지라도 처음부터 그 당시의 수준(水準)에 맞는 문화적(文化的)이고 사회적(社會的)인 행복(幸福)을 누리면서 다른 동물(動物)들과 전혀 다른 높은 수준(水準)의 생활(生活)을 누리고 있었다.

1) 인간(人間)의 구조적(構造的)인 성질(性質)

신학(神學, Theology)과 인류학(人類學, Anthropology)의 차이(差異)는 그 출발(出發)의 기점(起點)이 다른데 있다.

즉 신학(神學)에서는 '하나님과의 관계(關係)'(in relation to God)에서부터 출발(出發)을 하는데 비하여, 인류학(人類學)에서는 인간의 이성(理性, Reason)을 중심으로 한 생리적(生理的, Physical)이고 정신적(精神的)인 기준(基準) 아래 종교(宗敎, Religion), 언어(言語, Language), 문화(文化, Culture), 사회(社會, Social), 그리고 현실적(現實的)인 생활(生活, Life)등을 논(論)하려고 한다.

그러나 성경은 분명히 첫째는 하나님을 중심으로 하여 존재(存在)의 세계가 발생(發生) 되었으며, 다음에는 인간을 중심으로 하여 세계(世界)가 이루어져가고 있다는 것을 알게 해 준다.

본질적(本質的)인 가치(價値)는 시간(時間)을 두고 시대적(時代的)인 상황(狀況)의 환경(環境)과 연구(研究)에 따라서 발전(發展, Development)하는 것이지 새로운 것(New-things)으로 나타나는 것은 아니다.

결국 인간이란 하나님과의 관계성(關係性)을 가지고 단계적(段階的)인 발전(發展)의 과정(過程)을 통하여 오늘에 이르게 되었을 뿐이다.

그러므로 처음 인간들은 야만적(野蠻的)인 것이 아니라, 시대적(時代的)인 상황(狀況)이 인간들에 의해서 현대(現代)와 같은 과학문명(科學文明, Science civilization)의 혜택(惠澤, Favour)을 필요로 하지 않았을 뿐이라는 것을 알 수 있다.

2) 인간성(人間性)의 본질적(本質的)인 요소(要素)

성경말씀을 중심으로 우리 인간의 본질적(本質的)인 요소(Essential of human nature)를 사람은 영(靈)과 육(肉)과 혼(魂)으로 되어 있다는 삼분설(三分說, Trichotomy)과, 단지 육(肉)과 영(靈)으로 되었다는 이분설(二分說, Dichotomy)로 나누어지게 된다.

그러나 성경에서 삼분설(三分說)과 같은 오해(誤解)를 일으키게 한 것은 하나님의 말씀의 유기적(有機的)인 인격성(人格性)을 나타냄으로서, 하나님의 말씀에 대한 감찰(監察)의 깊이로 신앙상의 도움을 주기 위함일 뿐 인간의 구성요소(構成要素)를 세 가지로 나누려는 것이 아니라는 것을 알

134

게 한다.

> "예수께서 가라사대 네 마음을 다하고 목숨을 다하고 뜻을 다하여 주 너의 하나님을 사랑하라 하셨
> 으니"(마22:37)

> "하나님의 말씀은 살았고 운동력이 있어 좌우에 날선 어떤 검보다도 예리하여 혼과 영과 및 관절과
> 골수를 찔러 쪼개기까지 하며 또 마음의 생각과 뜻을 감찰 하나니"(히4:12)

그러나 우리는 인간의 창조(創造)에 대한 기록을 중심으로 학설(學說)이나 이론(理論)을 펴 나가
야 한다.

하나님께서 처음 인간을 창조(創造)하실 때에, 땅의 흙(Dust of the ground)으로 인간의 몸인 육체
(肉體, Body)를 만드시고, 하나님의 생기(生氣, Breath of God)를 사람의 코에 불어넣어서 하나님 닮음
의 사람 곧 생령(生靈, Living being)이 되게 하셨으니, 인간의 요소(要素)는 육(肉, Body)과 혼(魂, Spirit)
두 가지의 요소(要素)라는 것 외에 다른 이론(理論)이 있을 수 없다.

그리하여 바른 신앙(信仰)과 신학(神學)을 하는 사람에게는 인간의 요소(要素)에 대하여 삼분설(
三分說)이 아닌 이분설(二分說)로 통일(統一)을 이루고 있다.

하나님께서 흙으로 사람을 지으시고, 하나님의 생기(生氣)를 사람의 코에 불어 넣으시니 사
람이 생령(生靈, Living being)이 되게 하셨다고 성경은 증언(證言)하고 있다 (창2:7).

> "또 그리스도께서 너희 안에 계시면 몸은 죄로 인하여 죽은 것이나 영은 의를 인하여 산 것이니라"(
> 롬8:10)

> "이런 자를 사단에게 내어 주었으니 이는 육신은 멸하고 영은 주 예수의 날에 구원 얻게 하려 함이
> 라"(고전5:5)

> "시집 가지 않은 자와 처녀는 주의 일을 염려하여 몸과 영을 다 거룩하게 하려 하되 시집 간 자는 세
> 상 일을 염려하여 어찌하여야 남편을 기쁘게 할꼬 하느니라"(고전7:34)

> "예수께서 큰 소리로 불러 가라사대 아버지여 내 영혼을 아버지 손에 부탁 하나이다 하고 이 말씀
> 을 하신 후 운명하시다"(눅23:46)

> "저희가 돌로 스데반을 치니 스데반이 부르짖어 가로되 주 예수여 내 영혼을 받으시옵소서 하고"
> (행7:59)

135

"또 내가 보좌들을 보니 거기 앉은 자들이 있어 심판하는 권세를 받았더라 또 내가 보니 예수의 증거와 하나님의 말씀을 인하여 목 베임을 받은 자의 영혼들과 또 짐승과 그의 우상에게 경배하지도 아니 하고 이마와 손에 그의 표를 받지도 아니한 자들이 살아서 그리스도로 더불어 천년동안 왕 노릇 하니"(계20:4)

② 인간의 기원(起源)
Origin of the human

하나님께서는 천지만물(天地萬物)을 다 지으신 다음 맨 마지막으로 우리 인간(人間)을 창조(創造)하셨다.

하나님의 창조(創造)의 순서상(順序上)으로 볼 때에는 인간(人間)의 창조(創造)가 마지막으로 되어 있다.

그러나 하나님께서는 그의 창조(創造)로 만물(萬物)의 존재(存在)를 발생(發生)시키시기 이전에 먼저 우리 인간(人間)을 하나님의 경륜(經綸, Counsel, Administration)안에 두시고 만물(萬物)을 만드셨다고 성경은 분명하게 증언(證言) 해 주고 있다.

"우리가 우리의 형상을 따라 사람을 만들고 그로 바다의 고기와 공중의 새와 육축과 온 땅과 땅에 기는 모든 것을 다스리게 하자 하시고 하나님이 자기 형상 곧 하나님의 형상대로 사람을 창조 하시되 남자와 여자를 창조하시고"(창1:26-27)

성경 말씀은 막연히 인간의 선재설(先在說)이나 삼생설(三生說)을 중심으로 한 영혼윤회설(靈魂輪回說) 같은 것을 전혀 배제(排除)하고 있다.

그러므로 어떤 학설(學說)을 내 세워서 주장을 하기 위해서는 정확(正確)한 어떤 근거(根據)에 의한 주장이 되어야 한다.

하나의 유추적(類推的)인 가정(假定)에서 나온 추론(推論)들을 가지고는 그것을 정론(定論)이라고

136

하지 말고, '나는 그렇게 생각 한다'라고 하는 말 이상은 할 수없다.

그러므로 성경이 아닌 어떤 설(說)을 참고(參考)는 할지라도 정설(定說)로 수용(收用)할 수는 없다.

성경은 증언(證言) 하기를, 하나님께서는 우리 인간(人間)을 창조(創造)하시기 이 전에 생각하셨든 하나님의 경륜(經綸)에 따라서 '만물(萬物)의 영장(靈長)'으로 직접적(直接的)인 하나님의 창조(創造事役)을 통해서, '하나님 닮음'의 사람인 생령(生靈, Living being)으로 창조(創造)하셔서 인간을 발생시키셨다고 말씀하고 있다.

성경은 특히 존재(存在)에 대한 인지(認知)는 경험(經驗)의 지식(知識)이 아니라 믿음의 지식(知識)이라는 것을 너무도 확실하게 말씀해주고 있다.

> **"믿음으로 모든 세계가 하나님의 말씀으로 지어진 줄을 우리가 아나니 보이는 것은 나타난 것으로 말미암아 된 것이 아니니라"**(히11:3)

그러므로 인간의 기원(起源)에 대한 자연발생설(自然發生說)이나, 진화설(進化說)이 아닌 하나님의 직접적인 창조(創造)를 통해서 인간이 발생(發生)하게 되었다는 인간의 기원(起源)을 정리(整理)한다.

학설(學說)이나 주장(主張)은 얼마든지 있을 수 있다.

그러나 그것들은 어디까지나, '그럴 수 있다'라고 하는 하나의 추상적(抽象的)인 가정(假定)일뿐이요 사실(事實)이 아니라는 것을 알았다.

그러나 하나님의 말씀인 성경은 너무도 정확(正確)하고 분명(分明)하게 '그렇다'라고 말씀해 주고 있다.

✐ ✐ ✐

③ 인간영혼(人間靈魂)의 기원(起源)
Origin of the soul of human

우리 인간(人間)의 영혼(靈魂, Soul, Spirit)의 존재(存在)에 대하여는 선재설(先在說, Pre-existentianism)과, 유전설(遺傳說, Hereditism)과, 창조설(創造說, Creationism)의 세 가지가 있다.

137

진화론(進化論, Evolution)에서는 불연속성(不連續性, Discontinuity)이 아닌, 연속성(連續性, Continuity)의 과정(過程, Process)을 주장한다.

그렇다면 연속성(連續性)의 과정(過程)을 통해서, 우리 인간은 진화(進化)를 통해서 나타나는 것을 어느 한 가지 아무것도 경험(經驗)하지 못했다. 그 이유는 진화론(進化論)의 학설(學說) 그 자체가 허황(虛荒)한 하나의 가정(假定, Temporary construction)이요, 결코 정설(定說, Established theory)이 아니기 때문에 다만 그렇게 생각해본다 라고 하는 말 이상은 할 수 없다.

그런데 우리는 이 세 가지의 학설(學說)이 다 자기들 나름대로는 이론(理論)을 가지고 있으나, 그것들이 성경에서만큼 정확(正確)한 입증(立證)을 못해주고 있으므로 성경에서 말씀하고 있는 창조설(創造說)에 대한 것을 전제로 연구에 임할 수밖에 없다.

여기에서 특히 주의해야 할 것은 현대인들이 거의 공통적(共通的)으로 막연히 진화론(進化論)으로 통일(統一)을 이루고 있다.

이러한 현실은 하나님의 교회가 좀 더 성경적인 신앙운동(信仰運動)과 교육적(敎育的)인 훈련(訓練)을 통해서 바로 잡아주어야 할 책임(責任)과 사명감(使命感)을 느끼게 한다.

누구보다도 하나님의 교회(敎會)를 맡아서 목양(牧羊)에 임하고 있는 목회자(牧會者)들과 신학자(神學者)들의 각성(覺醒)이 절실하다고 할 것이다.

"태초에 하나님이 천지를 창조 하시니라"(창1:1)

"흙은 여전히 땅으로 돌아가고신은 그 주신 하나님께로 돌아가기 전에 기억하라"(전12:7)

"하늘을 창조하여 펴시고 땅과 그 소산을 베푸시며 땅위의 백성에게 호흡을 주시며 땅에 행하는 자에게 신(神)을 주시는 하나님 여호와께서 이같이 말씀하시되"(사5)

"여호와 곧 하늘을 펴시며 땅의 터를 세우시며 사람 안에 심령(心靈)을 지으신 자가 가라사대"(슥12:2)

"또 우리 육체의 아버지가 우리를 징계하여도 공경하였거든 하물며 모든 영(靈)의 아버지께 더욱 복종하여 살려하지 않겠느냐?"(히12:9)

제9강좌 인간론(人間論)의 개요(概要)

④ 세계인류(世界人類)의 통일성(統一性)
Unification of mankinds in the world

전 세계 인류(人類)의 통일성(統一性, Unity)에 대한 개념(概念)은 같기 때문에 인권문제(人權問題)가 국제연합(U N)을 비롯한 전 세계적인 일차적(一次的)인 문제로 부상(浮上)된 것으로 이해된다.

다른 학설(學說)들을 논하기 전에 먼저 알아야 할 것은 성경은 말씀하시기를, "인류(人類)의 모든 족속(族屬)을 한 혈통(血統)으로 만드사 온 땅에 거하게 하시고, 저희의 연대(年代)를 정(定)하시며 거주(居住)의 경계(境界)를 한(限)하셨으니,"라고 기록하고 있다 (행17:26).

그러므로 성경은 처음부터 일반 인류학적(人類學的)인 의미에서 말하는 인종(人種)의 차별(差別)을 처음부터 인정(認定)하지 않고 있다.

성경은 인종(人種)의 분리(分離)를 언어(言語, Language)의 갈림에서부터 시작되었다고 증언(證言)해 주고 있다(창11:7 참조).

그런데 그 언어(言語)의 혼잡(混雜)이나 인종(人種)의 갈림이 하나님과의 관계에서 '하나님의 형벌(刑罰)'과 연결되어 있다는 것을 알아야 한다.

사람들의 피부(皮膚)가 다른 것은 환경(環境)의 차이(差異)와 유전학(遺傳學的)인 이유 같은 것을 들 수 있으나, 모양(模樣)이나 삶의 형식(形式)이나 과정(過程)은 전혀 다름이 없이 똑 같다.

> "온 땅의 구음(口音)이 하나이요 언어(言語)가 하나 이었더라"(창11:1)

> "여호와께서 인생들의 쌓는 성(城)과 대(臺)를 보사려고 강림 하셨더라 여호와께서 가라사대 이 무리가 한 족속(族屬)이요 언어(言語)가 하나이므로 이 같이 시작하였으니 이 후로는 그 경영하는 일을 금지할 수 없으리로다 자 우리가 내려가서 거기서 그들의 언어(言語)를 혼잡(混雜)케 하여 그들로 서로 알아듣지 못하게 하자 하시고 여호와께서 거기서 그들을 온 지면(地面)에 흩으신 고로 그들이 성(城) 쌓기를 그쳤더라"(창11:5-8)

이 성경말씀 대로 생각해 볼 때에 전 세계의 인류(人類)는 인종적(人種的)으로나 언어(言語)가 다 같은 하나로 통일(統一)을 이루어 왔으나, 노아 홍수(洪水)이후 인간들이 하나님께 대항(對抗)하여 자기들의 명성(名聲)을 높여 보려는 교만(驕慢)과 하나님께 대항(對抗)해 보려는, 하나님께 대한 불경(不敬)과 반항(反抗)의 마음과 행동이 분리(分離)와 분열(分裂)의 원인(原因)이 되었다는 것을 알 수 있다.

139

"서로 말하되 자 벽돌을 만들어 견고히 굽자 하고 이에 벽돌로 돌을 대 신하며 역청으로 진흙을 대신하고 또 말하되 성(城)과 대(臺) 꼭대기를 하늘에 닿게하여 우리 이름을 내고 온 지면에 흩어짐을 면하자 하였나니"(창11:2-4)

하나님이나 성경의 진리(眞理)는 거짓말을 하실 수 없다(히6:18 참조).

그러한 하나님께서 인류(人類)의 족속(族屬)이 온 지면(地面)에 흩어지고, 언어(言語)가 혼잡(混雜)하게 하신 것은 하나님의 섭리(攝理)였다는 것을 알게 해 주셨다.

원인제거(原因除去)의 원리(原理)는 처음 원인(原因, Origin, Cause)으로 되돌아가는데서 찾아야한다.

그래서 성경(聖經)에서 말씀하고 있는 성경(聖經)의 진리(眞理)와 교훈(敎訓)이 더 중요하다는 것이다.

인간들이 갈구(渴求)하고 희망(希望)하는 것을 해보려는 시도(試圖)는 있어야 한다.

그러나 그 방법(方法)은 반드시 원인제거(原因除去)의 방식을 통해야 한다. 그것은 바로 하나님께로 돌아가는 길 밖에 없다.

🍃 🍃 🍃

⑤ 죄(罪)의 상태(狀態)에 있는 인간(人間)
Human in the state of Sin

우리 인간(人間)의 시조(始祖) 아담(Adam) 이후의 사람들은 처음부터 죄(罪, Sin)아래 태어났다.

이 죄(罪)는 우리 인류의 시조(始祖)였든 아담의 죄(罪)를 뿌리로 하고 세계 전 인류에게 전이(轉移) 되어 지고 있다.

이 죄(罪)에 대한 문제를 두고 여러 가지의 학설(學說)들이 많이 있으나, 일단 시조(始祖) 아담의 죄(罪)로 인하여서 하나님 닮음의 인간의 모습(模襲)은 없어져 버리고 마침내 사망(死亡)의 함정(陷穽)에 빠져들게 되었고 그로 안하여 모든 인류(人類)가 그 죄 값으로 인하여 사망(死亡)에 이르게 되었다.

140

1) 죄(罪)의 기원(起源)과 본질(本質)

　죄(罪)에 대한 문제는 철학자(哲學者)들과 신학자(神學者)들 사이에 가장 민감(敏感)한 문제로 논쟁(論爭)의 대상이 되고 있다.

　철학자(哲學者)들은 항상 민감(敏感)한 마을 가지고 긴장(緊張) 속에 죄(罪)에 대한 문제를 논하고 있다.

　그러나 철학자(哲學者)들은 자기들이 주장하는 철학적(哲學的)인 이론(理論)만 내 세울뿐, 이 죄(罪)에 대한 어떤 답(答)을 주지 못하고 있다.

　그 이유는 죄론(罪論)에 대한 철학자(哲學者)들의 답(答)이 바르지 못하기 때문 이라고 해야 할 것 이다.

　죄(罪)는 인간의 하나님께 대한 불복종(不服從)에 의해서 나타나게 되었다는 것을 알아야 한다.

　이는 곧 성경(聖經)의 진리(眞理)요 성경(聖經)의 교훈(敎訓)이다.

　무엇이든지 성경의 진리(眞理)대로 알고, 성경을 다라서 믿으면 될 것이다. 성경을 떠나서는 아무것도 바른 답(答)을 구(求)할 수 없다.

　성경만이 참 진리(眞理)요 하나님의 교훈(敎訓)이기대문에 인죄(人罪)에 대한 문제는 성경대로 풀어가는 것이 옳다.

　또한 인류의 죄(罪)는 아담(Adam)의 범죄(犯罪)로 인함이었다는 것을 말한 바 있으므로 이에 대해서는 별다른 이유가 없다.

　다만 우리가 성경(聖經)의 말씀대로 바로 알고 들어간다는 것도 하나의 축복(祝福)이라고 생각한다.

　바로 이것이 죄(罪)의 기원(起源)에 대한 교리(敎理)이다.

　이에 또 다른 이론(理論)은 어떠한 경우에라도 수용(收用)할 수 없다는 것이 성경적(聖經的)인 정통보수신학(正統保守神學)을 주장하는 자들의 바른 학설(學說)이요 주장(主張)이다.

　우리 인간들이 하나님께 죄(罪)의 사유(赦宥)하심을 받지 않고는 하나님과의 동거(同居)가 이루어질 수 없다.

　하나님과 우리 사이에는 죄(罪)라고 하는 절대적(絶對的)인 장벽(障壁)이 가려져 있다.

　이에 대해서 하나님께서는 그의 선지자(先知者) 이사야를 통해서 매우 자세하게 말씀해 주고 있다.

"여호와의 손이 짧아 구원치 못하심도 아니요 귀가 둔하여 듣지 못하심도 아니라 오직 너희 죄악이 너희와 너희 하나님 사이를 내었고 너희 죄가 그 얼굴을 가리워서 너희를 듣지 아니하게 함이니 이는 너희 손이 피에 너희 손가락이 죄악에 더러워졌으며 너희 입술은 거짓을 말하며 너희 혀는 악독을 발함이라"(사59:1-3)

2) 죄(罪)의 기원(起源)에 대한 성경(聖經)의 증언(證言)

죄(罪)의 기원(起源)애 대하여 성경은 매우 구체적(具體的)으로 자세(仔細)하게 말씀해주고 있다.

그런대도 철학자(哲學者)들을 비롯한 수다한 사람들이 성경의 진리(眞理)를 그대로 받아들이지 않고 있어서 사람들의 마음을 안타깝게 해주고 있지 않는 지 매우 아쉽게 생각하고 있다.

성경은 하나님께서는 죄(罪)를 미워하시고 계시기 때문에 죄(罪)를 지을수 도 없으실 뿐만 아니라 죄(罪)를 미워하시고 계신다고 말씀 해주고 있다.

"그러므로 너희 총명한자들아 내 말을 들으라 하나님은 단정코 악을 행치 아니하시며 전능자는 단정코 불의를 행치 아니하시고 사람의 일을 따라 보응하사 각각 그 행위대로 얻게 하시나니 진실로 하나님은 악을 행치 아니하시며 전능자는 공의를 굽히지 아니 하시느니라"(욥34:10-12)

"무릇 이 같이 하는 자 무릇 부정당히 행하는 자는 네 하나님 여호와께 가증 하니라"(신25:17)

"예수께서 이르시되 사람 앞에서 스스로 옳다 하는 자이나 너희 마음을 하나님께서 아시나니 사람 중에 높임을 받는 그것은 하나님 앞에 미움을 받는 것이니라"(눅16:15)

그리고 인간의 죄는 맨 처음에 사람이 아닌 천사의 세계에서 비롯되었다고 성경은 말씀 해주고 있다.

"너희는 너희 아비 마귀에게서 났으니 너희 아비의 욕심을 너희도 행하고자 하니라 저는 처음부터 살인한 자요 진리가 그 속에 없으므로 진리에 서지 못하고 거짓을 말할 때마다 제 것으로 말하나니 이는 저가 거짓말쟁이요 거짓의 아비가 되었음이니라(요8:44)

142   "죄를 짓는 자는 마귀에게 속하였나니 마귀는 처음부터 범죄 함이니라 하나님의 아들이 나타나신

것은 마귀의 일을 말하려 하심이니라"(요일3:8)

"새로 입교한 자도 말지이니 교만하여져서 마귀를 정죄하는 그 정죄에 빠질까함이요 또한 의인에
게서도 선한 증거를 얻은 자라야 할지니"(딤전3:6-7)

또한 우리 인류(人類)에게 임한 죄(罪)는 하나님께서 금(禁)하신 금단(禁斷)의 실과(實果)를 먹었기
때문이라는 것을 우리는 잘 알고 있다
  이는 금단(禁斷)의 실과(實果)가 아니라 하나님과의 생명언약(生命言約)을 어긴 불순종(不順從)의 죄
(罪)값에서 오는 형벌(刑罰)이 곧 죄(罪)의 상태(狀態)로 몰고가고 있다.

"여자가 그 나무를 본즉 먹음직도 하고 지혜롭게 할만큼 탐스럽기도 한 그 나무인지라 여자가 그 실
과를 따먹고 자기와 함께한 남편에게도 주매 그도 먹은지라"(창3:6)

"누가 깨끗한 것을 더러운 것 가운데서 낼수 있으리이까 하나도 없나이다"(욥14:4)

"이러므로 한 사람으로 말미암아 죄사 세상에 들어오고 죄로 말미암아 사망이 왔나니 이와 같이 모
든 사람이 죄를 지었으므로 사망이 모든 사람에게 이르렀느니라"(롬5:12)

"새로 입교한자도 말지니 교만하여 져서 마귀를 정죄하는 그 정죄에 빠질까 함이요(딤전3:6)

이렇게 성경(聖經)은 인류(人類)의 죄(罪)가 시조(始祖) 아담(Adam)에 의해서 들어오게 되었고, 그
죄(罪)값으로 말미암아 사람들이 사망(死亡)에 이르게 되었다는 것을 말씀하여 인류학적(人類學的)
으로 보는 죄(罪)에 대한 이론(理論)을 원천적(源泉的)으로 봉쇄(封鎖)해 버린다.
  나아가서는 성경에서 말씀하고 있는 인간의 죄(罪)에 대한 문제를 신학적(神學的)으로 말하고
있는 진리(眞理)가 옳다는 것을뒷 받힘 해주고 있다,

"그런즉 한 범죄로 많은 사람이 정죄에 있는 것 같이 의의 한 행동으로 말미암아 많은 사람이 의롭
다 하심을 받아 생명에 이르렀느니라 한 사람의 순종치 아니 함으로 많은 사람이 죄인 된 것 같이
한 사람의 순종하심으로 많은 사람이 의인이 되리라"(롬5;18-19)

3) 죄(罪)의 본질(本質)

죄(罪)의 본질(本質)과 죄(罪)의 성격(性格)에 대한 것은 성경(聖經)에서 여러 가지로 말씀해 조고 있다. 그런데 신학적(神學的)으로는 죄(罪)의 본질(本質)에 대하여 다임과 같이 다양(多樣)하게 설명(說明)을 해주고 있다.

(1) 죄(罪)는 특별(特別) 악(惡)이다
(2) 죄(罪)는 절대적(絕對的)인 특질(特質)을 가지고 있다
(3) 죄(罪)는 항상 하나님의 의지(意志)에 관계 된다
(4) 죄(罪)는 죄책(罪責)과 함께 오염(汚染)되는 특징(特徵)을 가지고 있다
(5) 죄(罪)는 그 거처(居處)를 항상 사람의 마음에 둔다
(6) 죄(罪)는 항상 외부적(外部的)인 행위(行爲)로만 관계되는 것이 아니다

이러한 죄(罪)의 본질(本質)에 대한 것은 철학적(哲學的)인 의미에서 많은 시비(是非)의 논쟁대상(論爭對象)이 되어 온 것이 사실이나, 그렇다고 해서 특별(特別)한 대안(代案, Alternative Plan)을 준 것도 아니어서 이에 대한 시비(是非)는 별로 해야 할 필요(必要)를 느끼지 않는다.

다만 우리는 철학적(哲學的)인 논리(論理)나 시비(是非)에 대하여 답변(答辯)을 해주어야할 책임(責任)이 있기 때문에 이에 대한 것을 말하려는 것일 뿐이다.

범신론(汎神論)이나 자유주의(自由主義)의 신학파(神學派)에 속한 사람들은 여러 가지의 애매(曖昧)한 주장(主張)이나 학설(學說)을 내세워서 시비논쟁(是非論爭)을 하려고 하나 이에 대한 것은 구태여 더 많은 시비(是非)를 일으켜야 할 할 필요(必要)가 없다.

그러나 부디 시비(是非)를 한다면 하나님의 말씀인 복음(福音)을 전하기 위해서라는 말을 해야 하겠다.

그리고 더 나아가서는 역사(歷史)의 종말기적(終末期的)인 시기(時期)를 당하여 사랑이라는 의미에서 말하려는 것일 뿐이다.

기독교운동은 사람이 행하는 것이기는 하나 이는 하나님의 지상명령(至上命令)에 따르는 것이요, 사람의 생각이나 의지(意志)의 결단에 의한 것도 아니고, 사람들을 위하는 일도 아니고, 하나님께서 그의 성도(聖徒)들에게 명하신 책임(責任)이요 사명(使命)에서 이다.

1

저 북방 산과 또 대양 산호섬

저 남방 나라 모든 나라 수많은 백성들

큰 죄악 범한 민족 다 구원 얻으려

참빛을 받은 우리 곧 오라 부른다

2

주 은혜 받은 우리 큰 책임 잊고서

주 예수 참된 구원 전하지 않으랴

온 세상 모든 백성 팜 구원 얻도록

온 몸과 재산 드려 이 복음 전하자

3

만왕의 왕된 예수 이 세상 오셔서

만 백성 구속하니 참 구주 시로다

저 부는 바람 따라 이 소식 퍼치고

저바다 물결 따라 이 복음 전하자

제9강좌에 대한 복습문제

문제 1. 인간론이 왜 기독론이나 성령론에 앞서 있는가에 대해서 간단히 말하라

문제 2. 원시상태의 인간에 대해서 인류학자들의 견해와 신학적인 입장에서의
견해를 간단히 비교하여 말하라

문제 3. 인간의 구조적인 성격에 대해서 간단히 말하라

문제 4. 인간의 본질적인 요소에 어떤 것들이 있는가를 간단히 말하라

문제 5. 인간의 기원에 다하여 간단히 말하라

문제 6. 인류의 통일성에 대하여 간단히 말하라

문제 7. 죄의 본질적인 특성에 대하여 간단히 말하라

문제 8. 죄의 기원에 대하여 성경에서 말씀 하고 있는 바를 간단히 말하라

문제 9. 죄의 본질적인 특성이 얻던 것들이 있는 가를 간단히 말하라

문제 10. 성도들의 선교사명에 대해서 자기의 소견을 간단히 말하라

문제 11. 우리 한국교회의 선교정책에 대해서 간단히 자기의 입장을 말하라

문제 12. 시대복음 주의에 대해서 자기의 입장을 간단히 말하라

제10강좌

어거스틴과 펠라기어스의 논쟁

제10강좌

어거스틴과 펠라기어스의 논쟁

Augustinu s and Pelagius

우리는 역사적(歷史的)으로 볼 때에 어거스틴(Augustinus: 354-430)과, 펠라기어스(Pelagius: 360-420)에 대한 신학적(神學的)인 논쟁(論爭)을 결코 가볍게 넘겨 버릴 수 없다는 것을 알고 있다.

그 이유는 간단하다.

즉 어거스틴(Augustinus)이 갖는 신학적(神學的)인 사상(思想)과 그의 신앙관(信仰觀)을 통해서 볼 때에, 그의 인물(人物)됨의 비중(比重)과 함께 어거스틴(Augustinus)이 주장했든 신학적(神學的)인 사상(思想)이 너무도 중요하기 때문이다.

어거스틴(Augustinus)은 단순히 한 사람의 성자(聖者)였다고만 할 것이 아니라, 교부시대(敎父時代)를 마감하면서, 사도(使徒)바울 이 후에 가장 성경적(聖經的)인 정통기독교(正統基督敎)의 바른 진리(眞理)를 지켜온 신학자(神學者) 였다는 데서 이해되어야 한다.

뿐만 아니라 어거스틴(Augustinus)은 당대(當代)에 영국(英國)이 나은 대신학자(大神學者)로 통하는 펠라기어스(Pelagius)라고 하는 큰 인물(人物)과의 신학논쟁(神學論爭)에서 당당하게 그를 이단자(異端者)로 단죄(斷罪) 하고, 바른 성경적인 진리(眞理)를 바로 제시(提示) 해 주었기 때문에 우리는 결코 어거스틴(Augustinus) 같은 대신학자(大神學者)를 소홀 하게 지나쳐 버릴 수 없다는 것을 알게 될 것이다.

특히 어거스틴(Augustinus)과 펠라기어스(Pelagius)와의 신학적(神學的)인 논쟁(論爭)은 결코 작은 문재가 아니라 너무도 크고 중요 한 문제였으므로 더욱더 세심하고 중요하게 알고 이에 대비(對備) 해야 할 것이다.

한 가지 더 중요한 것은 어거스틴의 시대가 마감하면서 바로 성경적인 기독교 신학(神學)의 암흑기(暗黑期)요, 성경진리(聖經眞理)의 포로기(捕虜期) 였다고 하는 로마 카톨릭 교회와 교황정치(敎皇政治)의 횡포기(橫暴期)로 들어선다는 것을 알게 될 경우, 어거스틴이 주장했던 성경적인 정

148

통보수(正統保守)주의 신학사상(神學思想)이 깊은 '역사(歷史)의 잠'을 자게 되었던 시기로 이해하게 된다.

𝒢 𝒢 𝒢

① 로마 카톨릭 교회의 죄관(罪觀)
Theory of Sin in Roman Catholic Churches

우리가 말하는 천주교회(天主敎會) 곧 로마 카톨릭 교회에서 주장하는 죄관(罪觀)은 우리들 개신교(改新敎)와는 전혀 다르다는 것을 알게 된다.

그러므로 어거스튼과 펠라기어스의 사상(思想)을 논하기 전에 먼저 로마 카톨릭 교회의 죄관(罪觀)에 대한 것을 먼저 알아보고 넘어 가려는 것이다.

그리고 로마 카톨릭 교회에서는 자기들이 주장하는 교리(敎理)나 사상(思想)들은 처음에는 종교회의(宗敎會議)를 통해서 결정을 했는데, 그 회의(會議)에서 가장 두드러지게 역할(役割)을 많이 한 모임이 바로 트렌트 회의(The Council of Trent: 1545-1563)였다고 할 것이다.

로마 카톨릭 교회의 지도자(指導者)들은 이 트렌트(Trent) 회의(會議)의 결정(決定)에 따라서 모든 규범(規範)이나 법령(法令)을 정했는데, 여기에서 두드러지게 다른 것은 하나님의 계시(啓示)와 교회의 전통(傳統)을 동등(同等)한 입장에서 보았다는 점이라고 할 것이다.

그리하여 로마 카톨릭 교회에서 주장하는 죄(罪)에 대한 문제는 아담Adam)에 의한 원죄(原罪)가 아니라, 인간의 의식적(意識的)인 행위(行爲)에서 죄(罪)가 발생(發生)하게 되었다고 하여 사실상 아담(Adam)에 의한 원죄fhs(原罪論)에 대하여 반대(反對)하는 입장에 섰다는 점이다.

이런 점으로 미루어 볼 때에 로마 카톨릭 교회에서는 인간의 죄(罪)에 대한 문제를 아담(Adam)에 의한 원죄(原罪)로 보지 않기 때문에 자연히 성경적인 투명한 신앙(信仰) 위에 서있지 못한 펠라기어스와 같은 사람에게 신학적(神學的)인 유혹(誘惑)의 빌미를 제공(提供)하는 결과를 가져오게 되었다고도 할 수 있다.

만약에 우리가 아담(Adam)에 의한 원죄(原罪)를 부인(否認)하게 될 경우 자연히 인간의 성선설(性善說)이나, 예수 그리스도의 십자가(十字架) 대인속죄(代人贖罪)의 은혜구원(恩惠救援)이 아닌, 자율

149

적(自律的)인 행위구원(行爲救援)이라는 왜곡(歪曲)과 오류(誤謬)를 범하게 된다.

바리새주의 열성파(熱性派)에 속했던 청년(靑年) 사울(Saul)이나, 방탕했던 청년기(靑年期)의 어거스틴의 생애(生涯)를 파고들어가서 생각해 볼 때에, 살아계신 하나님께서는 이들을 더 귀하고 높이 들어 쓰시기 위하여 더 많은 인생의 경험(經驗)을 쌓게 하셨든 것이라고 생각이 간다.

② 펠라기어스의 주장(主張)
Contention of Pelagius

펠라기어스(Pelagius)는 당대에 영국(英國)이 낳은 세계적(世界的)인 대신학자(大神學者)요, 사상가(思想家)요, 국민적(國民的)인 지도자(指導者)로서 존경(尊敬)을 받은 인물이었다.

우리는 이 같이 훌륭하고 유명(有名)했든 펠라기어스의 주장에 대하여 반드시 알아두지 못 하면은 엄청난 신학적(神學的)인 후회(後悔)를 하게 될 것이다.

더 나아가서는 이러한 사람에 대해서 안다는 것만으로 끝날 것이 아니라,

그가 주장했든 이단설(異端說)에 대한 바른 견해(見解)를 항상 가지고 있어야 한다는 것을 알게 될 것이다.

또한 어거스틴과 펠라기어스의 신학사상(神學思想)을 통해서 우리가 꼭 지켜나가야 할 바른 길을 열어 나가야 한다는 것을 배워야 한다.

우리가 성경적인 바른 진리(眞理)의 운동을 펴나가기 위해서는 언재나 이에 대한 대비책(對備策)이 있어야 할 걋으로 알고 우리의 긴장과 주의를 늦추지 말아야 할 것이다.

동시에 우리의 주장이 항상 성경적(聖經的)인 정통보수주의(正統保守主義)가 되기 위하여서는 무엇보다도 성경적(聖經的)이고 신앙적(信仰的)인 영적무장(靈的武裝)이 되어 있어야 한다.

펠라기어스는 모든 사람들에게 존경(尊敬)을 받는 대학자(大學者)요 또한 지도자(指導者)였다.

그러므로 그의 말 한마디와 주장하는 사상(思想)은 특히 영국(英國)의 젊은 세대(世代)들에게 적지 않은 영향(影響)을 끼치게 되었다.

그가 주장했든 성선설(性善說) 같은 것은 동양(東洋)에서는 맹자(孟子: BC 372-289)와 같은 인물(人物)

150

로 연결되며, 신학적(神學的)으로는 아담(Adam)의 원죄(原罪)를 부인(否認)하는 모든 사람들의 사상형성(思想形成)에 많은 영향(影響)을 주고 있다는 것을 알아야 한다.

성선설(性善說)을 주장하게 되면 자연히 인간의 도덕(道德)이나 윤리(倫理)를 내 세워서, 예수 그리스도의 십자가(十字架) 대인속죄(代人贖罪)에 대한 교리(敎理)라든가, 적극적(積極的)으로는 '예수 그리스도의 이름으로'라고 하는 근본적(根本的)인 구원(救援)에 대한 성경의 교리(敎理)가 필요 없게 된다.

성경에서 말씀하고 있는 구원(救援)의 교리(敎理)는 어디까지나 하나님의 은혜구원(恩惠救援)으로서 이를 신학적(神學的)으로 말할 때에 타율적(他律的)인 구원(救援)이라고 한다.

그리고 펠라기어스와 같은 주장은 자율적(自律的)인 구원(救援)이라는 결론에 이르게 되므로, 그럴 경우 우리의 구주(救主) 예수 그리스도에 의한 속죄구원(贖罪救援) 자체가 필요치 않게 된다.

우리가 성경적인 바른 신학(神學)을 해야 한다는 이유도 여기에 있다.

✎ ✎ ✎

③ 펠라기어스 주의의 죄관(罪觀)
Theory of Sin in Pelagius

펠라기어스 주의의 죄관(罪觀) 이란 어떤 것이냐 하는 문제는 그다지 어려운 문제가 아니라, 가장 성경적(聖經的, Biblical)으로 쉽게 풀어갈 수 있는 문제라고 할 것이다.

우리가 꼭 알고 넘어 가야할 것은, 그는 성경적인 정통적(正統的)인 신학사상(神學思想)을 주장하는 것이 아니라, 성경의 진리(眞理)와는 전혀 다른 인간의 이성(理性)을 중심으로 하는 잘 못된 신학사상(神學思想)을 주장하고 나섰다는데 이유가 있다고 해야 할 것 이다.

아무리 뛰어난 사람이라고 할지라도 그의 주장(主張)이나 학설(學說)이 성경의 진리(眞理)에서 벗어나 있으면 그것은 결코 수용할 수 없는 것이다.

성경에 어긋나는 것은 어떠한 경우에라도 받아들일 수 없다.

하나님의 말씀인 성경을 어느 누구가 감히 자기의 학설(學說)이나 주장(主張)으로 방해(妨害)를 하거나 반대(反對)를 할 수 있을 것인가?

151

또한 설혹 반대(反對)되는 의견(意見)을 갖는다고 할지라도 그것은 하나의 주장(主張)이나 학설(學說)일 뿐 어떤 힘을 가질 수 없다는 것을 알게 될 것이다.

우리는 어떠한 경우에라도 하나님의 말씀인 '성경(聖經)의 진리(眞理)에 따르면 된다'라고 하는 것을 알아야 하며, 또한 하나님의 말씀대로 이루어져나갈 것 이라는 것을 알고 하나님의 사명(使命)에 임해야할 것이다.

펠라기어스와 같이 유명 한 신학자(神學者)가 나타난다고 할지라도 우리는 그런 것으로 인해서 놀라거나 겁(怯)을 내야할 이유는 없다.

예수께서 그의 사랑하는 열두 제자(弟子)들을 파송(派送)하여 내어 보내실 때에 하신 말씀가운데, "사람의 원수(怨讐)가 자기 집안 식구(食口)리라"라고 하신 말씀이 있다(마10:36).

우리가 하나님의 바른 진리(眞理)를 지켜나가기 위해서는 가장 가까운 식구(食口)라고 할지라도 단호(斷乎)하게 시비(是非)를 가려야 할 것이라는 말씀으로 이해가 간다.

항상 하나님의 진리(眞理)에서 멀어지게 하는 것은 가장 가까운 관계자(關係者)로부터 시작 된다.

> "누구든지 사람 앞에서 나를 시인(是認)하면 나도 하늘에 계신 내 아버지 앞에서 저를 시인(是認)할 것이요 누구든지 사람 앞에서 나를 부인(否認)하면 나도 하늘에 계신 내 아버지 앞에서 저를 부인(否認)하리라"(마10:32-33)

> "아비나 어미를 나보다 더 사랑하는 자는 내게 합당치 아니하고 아들이나 딸을 나보다 더 사랑하는 자도 내게 합당치 아니하고 또 자기 십자가를 지고 나를 좇지 않는 자도 내게 합당치 아니하니라 자기 목숨을 얻는 자는 잃을 것이요 나를 위하여 자기 목숨을 잃는 자는 얻으리라"(마10:37-39)

④ 펠라기어스 주의의 오류(誤謬)
Mistake of Pelagius' Theory

우리가 말하는 펠라기어스 주의(主義)란 무엇인가 하는 문제이다.

펠라기스 주의(主義)란 주로 그의 죄관(罪觀)에 대한 문제인데, 펠라기어스 가 주장 했든 우리

152

인간은 하나님의 율법(律法)을 어긴 것이 죄(罪)가 되었다는 주장이나 이론(理論)까지는 맞는다고 할 것이다.

그러나 그가 성경 말씀을 떠나서 하나님과의 언약(言約)을 어기고 불순종(不順從)하므로 죄(罪)를 짓게 되었다고 하는 근본적(根本的)인 교리(敎理, Dogma)와는 전혀 사상(思想)이 다르다는 것을 알게 될 것이다.

우리가 반드시 알아야 할 것은 펠라기어스의 이 같은 주장은 결국 성경의 진리(眞理)를 부인(否認)하는 자리에 빠지게 된다는 것을 알아야 한다.

우리는 어떠한 경우에라도 성경을 떠난 학설(學說)이나 주장(主張)은 있을 수 없다는 것을 알아야 한다.

그렇다면 펠라기어스가 주장 했던 학설(學說)의 어떤 점이 어거스틴의 경우와 달랐다는 것일까 라는 문제이다.

펠라기어스의 주장인즉 사람은 처음부터 죄(罪)를 가지고 태어난 것이 아니라, 무죄(無罪)한 상태(狀態)로 태어났다고 주장하기 때문에 사실상 인간의 원죄(原罪)를 부인(否認)하고, 또 인간 스스로의 자기 힘으로 구원을 받을 수 있다고하여 인간의 원죄(原罪)를 부인(否認)함과 동시에 또한 자율적(自律的)인 구원관(救援觀)을 고집했다.

펠라기어스가 주장했든 죄관(罪觀)은 주로 인간의 원죄(原罪)에 대한 부정(否定)과, 인간의 성선설(性善說)에 대한 것이라고 해야 할 것이다.

우리가 아는 대로 계시종교(啓示宗敎, Revelation Religion)가 아닌 자연종교(自然宗敎, Natural Religion)에서는 성선설(性善說)을 중심으로 종교의 교리적(敎理的)인 가르침이 한결같이 도덕적(道德的)이고 윤리적(倫理的)이다.

그러나 분명한 것은, '그렇게 하면 복(福)을 받게 될 것이다'라고 하는 기복적(祈福的)이면서도 그것이 뚜렷한 교리(敎理)에서 나온 것이 아니라

전적으로 유추적(類推的)인 추상(推想)에서 나왔다는 것을 알게 될 것이다.

그러나 성경의 진리(眞理)는 단 한 곳도 유추적(類推的)인 추상(推想)이나 막연한 기복적(祈福的)인 기대(期待)나 꿈이 아니라, 하나님과의 언약(言約)을 통한 확신(確信)과 고백(告白)이라는 것을 알아야 한다.

펠라기어스는 그의 학설(學說)이나 도덕적(道德的)인 삶을 통해서 많은 사람들의 존경과 흠앙(欽仰)을 받았다.

또 한 가지 펠라기어스의 주장(主張) 가운데 크게 잘 못 한 사상(思想)의 한 가지는 인간은 처음

153

부터 죽을 수 밖에 없는 가사적(可死的)인 존재(存在)로 지으심을 받았다고 하여, 성경에서 말씀하고 있는 인간창조(人間創造)의 교리(敎理)는 물론, '하나님이 그가 지으신 모든 것을 보시니, 보시기에 심히 좋았더라'(창1:31)라고 하는 성경 자체를 그대로 믿지 않은 신학자(神學者)였다는 아쉬움을 남긴다.

우리가 신학적(神學的)으로 볼 때에 하나님의 본질적(本質的)인 속성(屬性, Atrribute)과 함께 물질(物質)의 삼체(三體) 곧 기체(氣體)와 액체(液體)와 고체(固體)라고 하는 존재형식(存在形式)의 변화(變化)가 뜻하는 이치(理致) 같은 것에 대해서는 미치지 못했든지, 아니면 그의 신학적(神學的)인 학문(學問)의 조예(造詣)가 모자랐든지 둘 중 하나라는 것을 미루어 짐작하게 한다.

이는 곧 기독교 신학(神學)의 종말론(終末論)에서 창조주(創造主) 하나님께서 그의ㅣ 창조(創造)로 발생(發生)시킨 존재(存在)는, 존재(存在)하는 형식(形式)이 바뀌일 지라도 완전한 소멸(消滅)은 없다라고 하는 이론(理論)과 함께 인간의 생령(生靈, Living being)에 대한 오해(誤解)가 너무도 컸든 것으로 밖에 달리 생각할 수 없게 한다.

그러나 그러한 인물(人物)이 하나님의 진리(眞理)에 대한 바른 이해(理解)에 미치지 못하고 많은 시행착오(試行錯誤)를 일으키고 있을 때에, 어거스틴과 같이 출중(出衆)하고 위대(偉大)한 신학자(神學者)가 있었다는 것은 하나님의 뜻으로 알고 깊이 감사(感謝)할 일이다.

또한 우리가 신학사상(神學思想)의 더 깊은 경지(境地)에 이르기 위해서는 '믿음의 실상(實狀)'이 절대적(絶對的)이라는 것을 알 수 있다.

믿음의 실상(實狀, Substance)이란 곧 생활신앙(生活信仰)이라는 말로 표현 할 수밖에 없다.

✤ ✤ ✤

⑤ 어거스틴의 반론(反論)

Conversions of Augustinus

어거스틴(Augustinus)은 펠라기어스(Pelagius)의 주장에 대하여 성경(聖經)말씀을 중심으로 단호(斷乎)하게, 그리고 또 당당(堂堂)하고 정확(正確)하게 펠라기어스(Pelagius)의 주장만이 아니라, 그를 따르는 학파(學派)에 속한 모든 사람들의 주장(主張)을 일거(一擧)에 다 물리칠 수 있었다.

펠라기어스(Pelagius)의 주장(主張)이나 잘못된 사상(思想)에 대한 어거스틴(Augustinus)의 반론(反論, Conversion)은 두고두고 신학계(神學界)에 전형적(典型的)인 정통교리(正統敎理)로 남게 될 것이다.

1) 예수 그리스도의 십자가 대인속죄(十字架代人贖罪)의 절대성(絶對性)

인간은 자신이 하는 일에만 죄(罪)가 있는 것이 아니고, 또한 점차적(漸次的)으로 죄(罪)가 없어지는 것이 아니라, 예수그리스도의 십자가속죄구원(十字架 贖罪救援)으로 단번(單番)에 모든 죄의 사유(赦宥)함을 받는다.

죄(罪)의 없이 함을 받을 수 있다는 것은 오직 이 한 길이 있을 뿐이다.

펠라기어스(Pelagius)를 비롯하여 그에 속한 사람들이 주장하는 자율적(自律的)인 구원론(救援論)에 대해서 어거스틴(Augustinus)는 단호하게 이를 거부(拒否)하고 당당하게 변론(辯論)을 통하여 예수 그리스도의 십자가(十字架)에 의한 대인속죄설(代人贖罪說)의 절대성(絶對性)을 강변했다.

2) 인간은 범죄(犯罪)로 죽게 되었다

펠라기어스(Pelagius)는 주장하기를 사람은 본성적(本性的)으로 도덕적(道德的)인 존재(存在)로 창조(創造)되었기 때문에 그 도덕적(道德的)인 책임만 다 하면 죄(罪) 값에서 오는 멸망(滅亡)을 피할 수 있다고 주장 했다.그러나 어거스틴(Augusinus)은 이러한 설(說)을 모두 부인(否認)했다.

그리고 어거스틴(Augustinus)은 펠라기어스(Pelagius)가 주장 한 바를 하나하나씩 들어서 이를 다 논박(論駁)하여, 교부(敎父)들이 활동하던 시절이 끝이 나고 새로운 신학(神學)의 시대로 들어가기에 앞서 모든 거치장스러운 주장이나 잘못된 학설(學說)들을 잠재울 수 있었다.

그리고 사람이 죄(罪)에서 해방(解放)을 받을 수 있는 길은 오직 예수 그리스도의 십자가(十字架)에 의한 대인속죄(代人贖罪)의 길이 있을 뿐이라고 강변(强辯)했다.

3) 인간의 성품(性品)으로는 구원을 받을 수 없다

어거스틴(Augustinus)은 펠라기어스(Pelagius)와 그를 따르는 사람들이 주장한 것처럼, 인간의 성품(性品)에 의해서 구원에 대한 문제가 해결될 수 없다는 것을 강력히 주장했다.

어거스틴(Augustinus)은 펠라기어스(Pelagius) 주의자들이 주장하던 또 하나의 이단설(異端說)을 잠재울 수 있었는데, 바로 그것은 인간의 죄(罪)에 대한 문제는 인간의 도덕적(道德的)인 행위(行爲)로는 가능성(可能性)조차도 없다는 것이었다.

인간의 죄(罪)와 구원(救援)에 대한 것은 오직 예수 그리스도의 십자가공로(十字架功勞)가 아니면 결단코 우리 인간의 힘으로는 아무것도 할 수 없다는 것을 확실 하게 말씀해주고 있다.

4) 인간의 원죄(原罪)를 부인(否認)해서는 안 된다

어거스틴(Augustinus)은 또 펠라기어스(Pelagius) 이단(異端派)들이 말하는 원죄(原罪)의 부정(否定)과, 죄(罪)의 보편성(普遍性)에 대하여 매우 구체적으로 언급하고 있다.

사람의 죄(罪)란 인간들이 죄(罪)를 지을 수 있는 보편성(普遍性) 때문에 죄(罪)를 지은 것이 아니라, 하나님과의 생명언약(生命言約)을 어겼기 때문이라는 것을 분명히 했다.

이는 곧 하나님의 말씀인 성경을 중심으로 정확하게 말씀해 주고 있다는 것을 알게 해 준다.

더 나아가서는 하나님의 말씀만이 우리 인간을 구원 할 수 있으며, 사람은 언제든지 예수 그리스도의 십자가(十字架)의 속죄 구원이 있을 뿐이라는 것을 자세히 말씀해주고 있다.

어거스틴(Augustinus)은 시종일관(始終一貫) 하나님의 말씀을 들어서 그의 주장이나 학설(學說)을 논했기 때문에 그의 주장이 더욱 가치(價値)를 높였다고 할 것이다.

156

⑥ 어거스틴의 신학적(神學的)인 위치(位置)

Theological Position of Augustinus

어거스틴(Augustinus)은 참으로 위대(偉大)하고 훌륭한 신학자(神學者)요 사상가(思想家) 였다.

어거스틴(Augustinus)은 단순한 사람으로서가 아니라, 참 성자(聖者)요 하나님의 종으로서의 본분(本分)을 다 했다고 자랑할 수 있다 는 말이 나올 것 이다.

우리는 여기에서 하나님의 참 사랑의 뜻을 바로 알아야 할 것이요, 신학적(神學的)인 문제가 나타났을 때에는 가장 지혜(智慧)롭게 하나님의 말씀인 성경으로 일을 처리(處理)해 나갈 수 있어야 할 것이다.

어거스틴(Augustinus)의 신학적(神學的)인 특징(特徵)은 그의 은총론(恩寵論, Grace theory)에서 찾아야 할 것이다.

사도 바울은 '나의 나 된 것은 오직 하나님의 은혜(恩惠)로라 (by the grace of God what I am)' 라고 고백(告白)했다(고전15:10 참고).

어거스틴(Augustinus) 역시 그의 생애(生涯)를 통해서 생각해 볼 때에, 하나님의 은혜(恩惠)가 아니고는 자기의 현재가 있을 수 없다는 것을 알고 있었다.

그의 저서(著書) 하나님의 도성(The City of God)과, 유명한 그의 참회록(懺悔錄, Confession)을 통해서 더 자세히 알 수 있다.

우리가 이렇게 어거스틴(Augustinus)과 같은 시대적(時代的)인 대신학자(大神學者)의 사상(思想)이나 사역(事役)의 내용을 알아보는 것은, 하나님께서 우리를 불러 세우신 시대적(時代的)인 사명(使命)을 수행하기 위함이라고 할 것이다.

그러므로 우리는 어떠한 경우에라도 하나님의 말씀을 떠나서는 안 된다는 것을 알아야 할 것이다.

우리가 정통보수신학(正統保守神學)을 한다는 것은 무엇보다도 하나님께 감사(感謝)할 일이요, 또한 하나님께서 우리에게 주신 책무(責務)가 크다는 것을 더 깊이 깨닫고 하나님의 일을 해나가야 할 것이라는 마음으로 하나님의 일에 매진(邁進)해야 할 것이다.

전지전능(全知全能)하시고 살아계신 우리의 아버지 하나님께서는 우리가 하는 일의 일거수일투족(一擧手一投足)을 다 헤아려서 살펴보고 계신다.

그래서 우리는 하나님 앞에서 다음의 세 가지 생활수칙(生活守則)을 세우고 일로매진(一路邁進)

157

해야 할 것이다.

첫째는 하나님의 말씀에 순종(順從)해야 할 것이요
둘째는 하나님의 말씀에 따라서 살아야 할 것이요
셋째는 하나님의 말씀에 따라서 하나님의 일을 해야 할 것이다

우리 기독교(基督敎)는 하나님의 말씀의 종교(宗敎)로서, 어디까지나 하나님의 말씀을 떠나서는 존재할 수 없는 종교(宗敎)다.

우리가 하나님의 일을 할 수 있는 것은 무엇보다도 성경에 대한 믿음 이라고 할 것이며, 우리가 하나님의 일을 할 수 있다는 것을 하나님께 감사(感謝)해야 할 것이다.

나아가서는 나 같은 사람에게 하나님께서 하나님의 일을 하라고 맡겨주셨다는데 대하여 항상 감사(感謝)함이 넘쳐야 할 것이다.

하늘 보좌(寶座)를 내려놓고 몸소 사람의 몸을 입고 우리 가운데 오셔서 나를 구원하시기 위해서 십자가(十字架)에 못 박혀 죽으신 예수 그리스도의 사랑과 은혜를 생각하면 이 몸이 부셔지는 한이 있더라도 하나님께 감사하면 순종(順從)과 충성의 희생제물(犧牲祭物)로 바쳐드려야 한다.

하나님은 영원히 살아 계신다.
그 하나님께서 항상 나와 함께 하신다.
그 하나님께서 나를 들어 쓰신다.
그러므로 나는 하나님의 일을 한다.

"그러나 나의 나 된 것은 하나님의 은혜로 된 것이니 내게 주신 그의 은혜가 헛되지 아니하여 내가 모든 사도보다 더 많이 수고 하였으나 내가 아니요 하나님의 은혜로라"(고전15:10).

1
저 북방 산과 또 대양 산호섬
저 남방 나라 모든 나라 수많은 백성들
큰 죄악 범한 민족 다 구원 얻으려
참빛을 받은 우리 곧 오라 부른다

2
주 은혜 받은 우리 큰 책임 잊고서
주 예수 참된 구원 전하지 않으랴
온 세상 모든 백성 팜 구원 얻도록
온 몸과 재산 드려 이 복음 전하자

3
만왕의 왕된 예수 이 세상 오셔서
만 백성 구속하니 참 구주 시로다
저 부는 바람 따라 이 소식 퍼치고
저바다 물결 따라 이 복음 전하자

제10강좌에 대한 복습문제

문제 1.   로마 카톨리 교회의 죄관에 대하여 간단히 말하라

문제 2.   어거스틴에 대하여 아는 대로 기술하라

문제 3.   펠라기어스가 주장한 이단설은 무엇이었는가를 간단히 말하라

문제 4.   펠라기어스의 죄관에 대해서 간단히 말하라

문제 5.   펠라기어스가 주장했든 사상의 네 가지를 간단히 말하라

문제 6.   어거스틴의 반론에 대해서 간단히 말하라

문제 7.   예수 그리스도 십자가 구원의 절대성에 대해서 간단히 말하라

문제 8.   인간은 범죄로 인하여 죽게 되었다는 것을 간단히 말하라

문제 9.   인간의 성품으로는 구원을 받을 수 없다는 것을 간단히 말하라

문제 10. 인간의 원죄를 부인할 수 없다는 것을 간단히 말하라

문제 11. 어거스틴의 신학적인 위치에 대해서 간단히 말하라

먼저 '이 글을 쓰게 하신 하나님'께 감사(感謝)하다는 말을 눈물로 드린다.

필자(筆者)로서는 자기의 부족(不足)과 무식(無識)을 변명(辨明)하지 않고 하나님 앞에서 다 털어놓고 고백(告白)하며 회개(悔改)한다.

그런데도 1951년 10월, 한국전쟁(韓國戰爭)이 한참이던 계엄령(戒嚴令) 시대부터 시작한 목회사역(牧會事役)과, 1960년대 중반부터 시작된 신학교(神學校)에서의 강의(講義)를 만 50년이 넘도록 해왔고, 특히 조직신학(組織神學, Systematic Theology)을 비롯하여 어려운 과목(科目)들을 맡아서 강의(講義)를 계속해 왔고, 또 크고 작은 특강(特講)의 요청을 받고 갈 때에 마련했던 원고(原告)들을 간추려서 단행본(單行本)으로 쓰게 하신 하나님의 은혜(恩惠)를 감사하다는 말은 입에 붙은 말이 아니라 나의 진심이요 믿음의 고백이다.

나의 부덕(不德)이나 죄악(罪惡)들은 하나님 앞에서 추궁(追窮)을 받게 될 것이라는 것도 알고 있다.

그러나 이러한 글을 쓰지 않으면 안되게 되었다는 불타오르는 마음도 하나님께서 주신 마음이라고 믿는다.

이는 분명히 하나의 사명감(使命感) 속에서 썼다는 말을 하겠다.

그리고 글의 잘 쓰고 못 씀도 하나님의 판단(判斷)에 맡기겠다.

필자(筆者)로서 할 말이 있다면 '이것이 나의 최선(最善)'이라는 말이 있을 뿐이다.

그러나 부모에게서 받은 것이라고는 '나의 아버지'를 통해서 받은 '성경적인 믿음' 그 한 가지만은 자랑하고 싶다.

목사(牧師)를 그렇게도 높이 존경했는데 목사(牧師)들에 대해서 비판을 하고 욕을 많이 했다면 비판(批判)이나 욕(辱)을 하기 위한 것이 아니라, 잘 못을 고쳐나가기를 바라는 마음에서였다는

162

말로 이해(理解)와 용서(容恕)를 구하겠다.

＊＊＊

이 책(冊)을 모두 합하면 무려 3천 쪽이 넘는다.

사람의 나이 90살이 다 되어갈 무렵, 이 방대한 책(冊)을 썼다는 것은 자랑이 아닌 부끄러움 뿐이였다고 할지라도 이러한 책(冊)을 쓰게 하신 하나님께 감사를 드린다. 그리고 이 책(冊)을 쓰기까지 교정(校正)을 맡아서 수고해 주신 많은 사람들 가운데서도 특히 끝까지 남아서 수고를 아끼지 않은 이영숙(李英淑) 권사님의 노고에 깊은 감사의 뜻을 보낸다.

그리고 곁에서 크고 작은 모든 심부름을 다 해준 구광옥(具光玉) 강도사님의 헌신적인 봉사에 깊은 사의를 보낸다.

또한 멀리 스위스 제네바(Zeneva)에서 국제활동(國際活動)을 하면서도 '못난 애비'를 위하여 모든 것을 양보해 준 내 아들 경규(京揆)에게 고맙다는 말을 길이 함께 남기고 싶다.

이것을 책(冊)으로 엮어서 나오게 해 주신 가나북스 대표 배수현 장로님 과 안미경 권사님 내외분께 고마운 마음을 담아서 길이 기념하려고 한다.

그 외에도 기도와 물심양면으로 협력하고 아껴주신 여러분들의 미름을 일일이 열거하지 못한 점 널리 양해를 구한다.

＊＊＊

이 책은 강좌 별로 되어 있어서 신학교(神學校)에서 교재용(敎材用)으로 사용하면 될 것이다.

조직신학(組織神學)으로부터 시작하여 기독교변증학(基督敎辨證學), 기독교윤리학(基督敎倫理學), 기독교교회사(基督敎敎會史), 성서신학(聖書神學), 목회학(牧會學) 등을 엮어서 한 책으로 모아 보았으니 참고에 도움이 되기 바란다.

＊＊＊

본래 학문(學問)이란 절대적(絕對的)일 수 없다.

다만 '나는 그렇게 주장하고 생각한다'라고 함이 있을 뿐이다.

이 책은 가능한 성경말씀 중심으로 성경진리(聖經眞理)의 정통성(正統性)을 내 세우려고 노력했다.

성경 절수를 묶음표에 넣는 것보다는 본문 그대로의 말씀을 제시하려고 힘썼다.

내용의 중복적(重複的)인 것들은 과목(科目)에 따라서 나타나게 되었다는 점을 밝혀 둔다.

성경은 대한성서공회에서 나온 '한영성경전서'를 사용했다.

이 책(冊)은 교파주의(敎派主義)나 교단주의(敎團主義)를 배격하고 성경을 중심으로 썼다는 것을 말해 둔다.

자주 기독교에 대한 비판적인 표현이 있다는 것을 자인한다.

그러나 이것까지도 비판이나 비난의 목적에서가 아니라 하나님 앞에서 회개를 해야 하겠다는 자책(自責)의 마음에서 였다는 것을 재삼 강조한다.

이 이상의 문제는 더 훌륭한 신학자(神學者)들과 전문가(專門家)들의 가르침에 따르는 것이 좋을 것이다.

한 가지 조심스럽게 말하려는 것은 이 책은 단순히 신학적(神學的)인 논리(論理)만이 아니라, 자연과학(自然科學)이나, 역사물(歷史物)이나, 철학적(哲學的)인 일반이론(一般理論)의 방법으로 썼기 때문에 잘못하면 오해를 받을 수 있다는 것도 알고 있다.

그러나 '하나님이 보시기에 심히 좋았더라'라고 하는 원칙에서 벗어나지 않으려고 애를 썼다는 것도 사실이라는 점을 알려준다.

다시 한 번 하나님께 감사와 영광을 돌려드리면서 독자들 위에 살아계신 하나님의 은총이 함께 하시기를 기원해 드린다.

휴전선 철조망 너머로 오락가락 날아다니는 산새들과 함께

임 영 옥(林永沃)

목사, 신학박사(敎授) 드림

성경적인 기독교 신학의 정론

　　본 성경적인 기독교 신학의 정론(正論)을 집필함에 있어서 필자(筆者)의 소신(所信)에 의해서 글을 쓰게 되었다는 것을 다음과 같이 밝히면서 독자들의 이해와 양해를 구한다.

첫째　고의적으로 각주를 쓰지 않았다.

　　　　그 이유는 학자들이 말한 학설은 자기의 입장에서 '나는 그렇게 생각 한다'라고 하는 것 이상은 없다. 그러므로 내가 그들의 이론을 응용하여 중간장사를 하기 싫어서 였다.

둘째　나는 성경의 진리(眞理)를 절대적으로 확신한다. 그러므로 성경의 진리(眞理)에서 벗어난 것은 어떤 사람이 말했든지 나는 그것을 그대로 받아들일 수 없었다.

셋째　본서를 집필함에 있어서 한자(漢字)를 비롯한 외래어(外來語)를 많이 썼다. 이는 이 책을 읽는 사람의 학문적인 수준이 이 정도는 될 것이라는 신뢰와 함께 아직도 미치지 못하는 사람이 있다면 약간이라도 도움을 주기 위함이었다. 본인은 이것을 쓰면서 자기의 무식(無識)과 부족(不足)을 통감했다.

넷째　이 글을 통해서 성경 내용의 진리에 따라서 기독교 운동의 학구적인 혁명이 이루어지기를 요구한다. 그것은 지금까지 기독교 신학은 성경에서 말씀하고 있는 전체를 포괄적으로 수용하지 못했다. 즉 '태초에 하나님께서는 천지를 다 창조하셨다'는 뜻에 대한 이해의 폭(幅)을 그대로 살리기 위해서 였다.

166

다섯째   이 글을 쓰기 위해서 성경적인 기준은 창세기 1장 31절에 "하나님이 그 지으신 모든 것을 보시니 보시기에 심히 좋았더라 저녁이 되며 아침이 되니 이는 여섯째 날이니라"라고 하신 말씀과 예수께서 요한복음 8장 32절에 하신 말씀 곧 "진리를 알지니 진리가 너희를 자유케 하리라"라고 하신 말씀을 한 시도 잊을 수가 없었다는 것을 고백한다.

여섯째   여기에는 성경을 중심으로 자연(自然), 과학(科學), 철학(哲學), 역사(歷史), 시사(時事)등 가능한 전체적인 것을 포함시키려고 노력을 했으나, 그럴 때마다 자기의 실력이 미치지 못한 것을 안타까워 했다. 그러나 내가 할 수 있는 최선(最善)은 다 했다고 하나님 앞에서 고백한다.

일곱째   본서의 내용들이 반복적(反復的)이라고 할 수 있는 경우들이 많을 것이다. 그러나 그것은 과목에 따라서 보는 입장이었으므로 참고하기 바란다.

여덟째   앞으로의 교육(敎育)의 방식은 세계적인 변화(變化)가 있을 것을 전제로 입체화(立體化)시켜 보려고 시도했다. 그래서 150강좌(講座)를 각각 독립(獨立)을 시켰으며, 이 전체를 녹화(錄畵)를 해서 부디 많은 돈을 드려서 학교(學校)에 가지 않더라도 자기가 할 수 있는 범위 안에서 학문(學問)을 구하고 연구(硏究)에 임할 수 있기를 바라는 마음에서 썼다.

아홉째   필자가 바라는 것은 첫째는 모든 것들이 성경의 진리(眞理) 위에 서기를 바란다는 것과, 누구든지 마음만 먹으면 할 수 있다는 가능성의 길을 열어주기 위해서 힘썼다는 것을 말해 둔다.

열 번째   이글을 통해서 때론 비판적이고 비난을 했다는 것을 잘 알고 있다. 그러나 그것은 전혀 욕을 하고 비판을 하기 위한 것이 아니라, '이래서는 안되겠는데'라고 하는 염려스러운 마음에서 였다는 것은 본인들은 싫어할 지라도 살아계신 하나님께서는 알고 계실 것으로 믿는다.

참고문헌
(參考文獻)

　한 권의 책을 쓰기 위해서는 수많은 참고서적(參考書籍)들을 읽어야 하고, 그 책들을 읽은 다음에도 누가 쓴 어느 책(冊)을 어디에서 인용(引用)했다는 표시로서 각주를 붙여야 했다. 그러나 본인으로서는 그렇게 하는 것을 반대한다. 그것은 남의 글을 인용하여 그 사람을 세워주는 것일뿐 자기의 사상을 솔직하게 말하려는 취지와는 전혀 다르다고 생각했기 때문이다. 그래서 본인은 지금까지 150강좌에 이르는 방대한 글을 쓰면서 다른 사람들이 이해할 수 없는 고생과 어려움을 겪어 왔다. 그리고 참고서적(參考書籍)을 다 쓰려면 몇 만권이나 될 것이라고 생각하여 내가 읽고 참고를 한 것만으로 간추려 보았다. 책을 쓰는데도 새로운 혁신(革新)이 일어나야 할 것이라는 간절한 마음을 담아서 참고문헌(參考文獻)을 소개한다.

1. 가정 백과사전 | 인창 서관 | 1973
2. 가족 사냥 1-2 | 양억관 옮김 | 문학동네 | 2003
3. 간추린 교리학 | 문영채 | 총신대학 | 1998
4. 강해 설교 작성법 | 장두만 | 요단 | 1986
5. 개혁주의 인명 지명 사전 | 정성구 | 총신대 출판사 | 2001
6. 개혁 신학지 제1권 | 라이프 대학교 개혁주의 신학회 | 2004
7. 개혁주의 사회 윤리와 한국 교회 | 양낙흥 | 개혁주의 신행 협회 | 1999
8. 거미 여인의 키스 | 송병선 옮김 | 민음사 | 1976
9. 거저 주라 | 배수현 | 가나북스 | 2018
10. 거짓의 사람들 | 윤종석 옮김 | 두란노 | 1997
11. 건강한 교회의 9 가지 특성 | 권태경 편역 | 샘명의 말씀사 | 2003
12. 게으름 | 김남준 | 생명의 말씀사 | 2003
13. 격려하는 사람 | 박미현 옮김 | 생명의 말씀사 | 1996
14. 경제 기사 소프트 | 곽혜선, 사계절 | 1996
15. 경주 | 한국 문화유산 답사회 | 돌베개 | 1994
16. 경혈 자극 요법 | 삼성서관 | 2014
17. 계간 사상 | 사회 과학원 | 1995
18. 계몽의 변증학 | 김유동, 주경식, 이상훈 옮김 | 문예 출판사 | 1996
19. 계약 신학과 그리스도 | 김의원 역 | 기독교 문서 선교회 | 1999
20. 고난과 죽음의 의미 | 김진우 옮김 | 생명의 말씀사 | 1996
21. 고대 이스라엘 역사 | 박문재 옮김 | 크리스챤 다이제스트 | 2004
22. 고신 1994년 7월호 | 고려신학교 | 1994
23. 공산주의의 도전 | 장리욱 박사 역 | 청구사 | 1951
24. 곽안련의 신학과 사상 | 생명의 말씀사 | 2005
25. 곽안련의 신학과 사상 | 이호우 | 생명의 말씀사 | 2010
26. 괴짜 야구 경제함 | 정두영 옮김 | 한스 미디어 | 2008
27. 교황의 역사 | 박기영 옮김 | 갑인 공방 | 1997
28. 교회사 상 중 하 3권 | 이장식 옮김 | 대한 기독교 서희 | 1961
29. 교회와 신앙고백 | 김영대 | 성광 문화사 | 1994
30. 교회 음악에서의 심기 치료학 | 이주성 | 서울 음악사 | 1999
31. 교회 행정학 | 총신 출판부 | 삼광인쇄 | 2005
32. 구름 기둥을 따라 | 신원삼 | 로기아 서원 | 2005
33. 구약 성경 공부 | 서울 말씀사 | 2000
34. 구약 신학 논문집 | 윤영탁 | 성광문화사 | 1981
35. 구원과 은사 기능에 관한 연구 | 이미원 박사논문 | 서울 기독대 | 2012
36. 국사 대사전 | 민중서관 | 2001
37. 굿바이 우울증 | 황인종 옮김 | 더난출판 | 2010

38. 꿈이 있으면 미래가 있다 | 강영우 | 생명의 말씀사 | 2006
39. 귀신을 쫓은 영적인 사람들 | 허철 | 두란노 | 1994
40. 그 날에 족하나리 | 유영기 | 합신대 출판부 | 2009
41. 그리스 과학 사상사 | 이광래 옮김 | 지성의 샘 | 1996
42. 그리스도인은 어떻게 사고해야 하는가? | 황영철 옮김 | 1978
43. 그리스도인의 데이트 | 이영희 옮김 | 생명의 말씀사 | 1997
44. 그리스도인의 사역의 자세 | 김보원역 | 생명의 말씀사 | 1975
45. 그리스도인의 조르바 | 이윤기 옮김 | 열린 책들 | 2000
46. 근대 교회사 | 박용규 | 총신대 출판부 | 1995
47. 근대 주체와 식민지 규율 권력 | 김진균, 정근식 편저 | 문화과학사 | 1997
48. 긍정의 힘 | 정성묵 옮김 | 두란노 | 2000
49. 기계에 흐르는 저주를 끊어야 한다 | 최기은 옮김 | 베다니 | 1997
50. 기도로 꿈을 이루는 당신이 아름답습니다 | 홍일선 | 생명의 말씀사 | 2001
51. 기도의 서장들 | 양진식 옮김 | 죠이 선교회 | 2002
52. 기도의 파워 | 홍일권 | 생명의 말씀사 | 2002
53. 기독교 강요 요약 | 이형기 옮김 | 크리스챤 다이제스트 | 2008
54. 기독교 교리 사상사 | 임영옥 | 가나 북스 | 2018
55. 기독교 교리 예화 강의 | 박천일 역 | 시온성 | 2002
56. 기독교 교리학 전 10권 | 성서교재 제작원 | 1996
57. 기독교 교육과 인간 발달 | 김득룡 역 | 칼빈 문화사 | 1963
58. 기독교 교육한 | 윤관 | 총신 출판사 | 2010
59. 기독교 대백과 사전 21권 | 기독교 교문사 | 1999
60. 기독교 문화란? | 서철원 | 총신대 출판부 | 1992
61. 기독교 변증학과 그 역사 | 김해연 | 개혁주의 신행협회 | 1997
62. 기독교 상담 씨리즈 전 30권 | 두란노 | 1999
63. 기독교 상담학 | 정영복 | 엘멘 출판사 | 1984
64. 기독교 선교신학 | 전호진 역 | 생명의 말씀사 | 1971
65. 기독교 신앙의 본질 | 김덕복 | 중란 출판사 | 2005
66. 기독교 역사 | 허 호식 역 | 대한 기독교 출판사 | 1986
67. 기독교에 관한 100가지 재미있는 이야기 | 조계광 옮김 | 생명의 말씀사 | 2002
68. 기독교의 변증 | 박아론 | 기독교 문서 선교회 | 1988
69. 김연아의 7분 드리마 | 김연아 | 중앙 출판사 | 2010
70. 김인서 저작 전집 전 6권 | 한국 기독교 연구원 | 1995
71. 김재준 | 천사무엘 | 삼림 | 2003
72. 깊은 밤, 깊은 곳으로, 변권능 | 총신 신학 연구회 | 2005
73. 나는 누구입니까? | 임영옥 | 한나 | 2009
74. 나는 어떻게 할리우드에서 | 김경식 옮김 | 열린 책들 | 1990
75. 나도 한국 사람이다 | 임영옥 | 도서출판 로기아 | 2016
76. 나를 버려야 예수가 산다 | 이용복 옮김 | 규장 | 1983
77. 나를 버리고 예수를 얻다 | 최석 | 생명의 말씀사 | 1962
78. 나무야, 나무야 | 신영복 | 글베개 | 1996
79. 나에게 맞는 한방 약 | 윤영석 옮김 | 열린 책들 | 1991
80. 나에겐 주님만 있습니다 | 이현숙 | 아가 | 2009
81. 나에겐 주님 밖에 없어요 | 이현숙 | 아가 | 2012
82. 난장이가 쏘아올린 작은 공 | 조제희 | 문학과 지성사 | 1996
83. 내가 너에게 불세례를 주노라 | 김용두 | 예찬사 | 2006
84. 내가 너와 람께 하리라 | 이영숙 | 로기아 | 2017
85. 내가 누구인지 이제 알았습니다 | 유화자 옮김 | 죠이선교회 | 1993
86. 내가 물러서면 나를 쏴라 | 백선엽 | 중앙일보 | 2010
87. 내가 예언과 환상과 꿈을 주리라 | 임은진 | 예찬사 | 2006
88. 내게 꼭 맞는 직업 | 박지나 옮김 | 생명의 말씀사 | 2002
89. 내게도 봄은 있었다 | 김상곤 | 창조 문예사 | 2011
90. 내 마음의 솔밭 | 황명걸 | 창작비평사 | 1996
91. 내 마음의 숲 | 한현수 | 책나무의 출판사 | 2004
92. 내면 세계의 자유 | 김태곤 옮김 | 생명의 말씀사 | 2006
93. 내 삶을 이끈 능력 31가지 기도 | 김태곤 옮김 | 생명의 말씀사 | 2005
94. 내 안의 죄 죽이기 | 김창의 옮김 | 브니엘 | 2010
95. 내 여자 친구는? | 이미나 | 늘씬씽크백 | 2010
96. 너, 하나님의 사람아 | 임영옥 | 총신 출판사 | 2008
97. 넘치는 은혜 | 한승용 옮김 | 필그림 | 2001
98. 네 번째 동방 박사 | 박이현 옮김 | 생명의 말씀사 | 2001
99. 네 손에 지팡이를 들라 | 김승자 | 햇빛 중앙 선교회 | 1997
100. 네 자신을 빌리 포기하라 | 배응준 옮김 | 규장 | 1974
101. 노자, 길과 얼음 | 김용우 | 통나무 | 1995
102. 논어, 대학, 중용 | 은광사 | 2004
103. 논어 | 류성한 | 인하트컴 | 2008
104. 논어 집주 | 김혁제 교열 | 명문당 | 1996
105. 놀라운 하나님의 은혜 | 윤중의 옮김 | I V P | 1997
106. 뇌를 점검하라 | 윤영하, 김안식 옮김 | 나노 미디어 | 2004
107. 누구도 멈출수 없다 | 강혜경 옮김 | 부키 | 2019
108. 눈물보다 아름다운 것 | 남낙현 | 책나무 출판사 | 2008
109. 다가오는 세계 선교의 혁명 | 조은혜 옮김 | 죠이 선교회 | 1989
110. 다빈치 코드 | 김병두 옮김 | 생명의 말씀사 | 2006
111. 다빈치 코드가 뭐길래 | 신성유 | 생명의 말씀사 | 2006
112. 다시 쓰는 야베스의 기도 | 김흥만 | 생명의 말씀사 | 2003
113. 단편 선집 | 김동리 | 삼성 출판사 | 1967
114. 달콤한 나의 도시 | 김이현 | 문학과 지정사 | 2010
115. 당신은 소중한 사람입니다 | 김안식 | 예슬 | 2008
116. 당신의 말이 기적을 만든다 | 국민 일보 | 2008
117. 당신이 찾던 하나님 | 조계광 옮김 | 생명의 말씀사 | 2006
118. 대표 기도 | 이 남용 | 국민일보 | 2006
119. 대한 여자 애국단사 | 김운하 | 신한민보 | 1979
120. 도시를 깨우는 영성 목회 | 김상백 | 도서출판 영성 | 2010
121. 도전 받는 보수 신학 | 김의환 | 생명의 말씀사 | 1970
122. 도전 받는 보수신학 | 김의환 | 생명의 말씀사 | 2009
123. 도피성으로 도피하라 | 강몽호 | 한국 가능성 개발원 | 1994
124. 돈끼 호테 | 김현장 역 | 중이 문화사 | 1979
125. 돈 없이 돈 벌 수 있다 | 서동찬 | 네트워크 마케팅 연구소 | 1998
126. 동의보감 음식 궁합 | 자연식 생활 연구회 | 행복을 만드는 세상 | 2014
127. 두드리라 열릴 것이다 | 김학규 | 한나 | 2009
128. 뚝딱 교양상식 | 오승현 | 다산 북스 | 2010
129. 디지털 중보기도 | 최은수 | 생명의 말씀사 | 1999
130. 라스베가스를 떠나며 | 정호준 펴냄 | 오픈북 | 2000
131. 러시아에 가려거든 걸러서 가라 | 김창선 | 기독교 엘람 신문사 | 1994
132. 레그레이션 지리 만들기 | 김경종 | 생명의 말씀사 | 2002
133. 로고스 성구 사전 | 로고스 사 | 2010
134. 로마 교회에 전한 복음 | 신원상 | 로기아 하우스 | 2007
135. 로마서 강해 | 후루네데 경험사 서점 | 1924
136. 리차드 던스터 기도 | 송윤인 옮김 | 두란노 | 1992
137. 마르크스의 혁명적 사상 | 정성진, 정진상 옮김 | 책갈피 | 1993
138. 마음 훈련 | 이명숙 옮김 | 미선 월드 | 2006
139. 마지막 노래 | 이현숙 | 애가 | 2007
140. 마지막 설교 | 이종은 옮김 | 가치양조 | 2005
141. 마태복음 핵심 설교 100편 | 이선용 | 성지 | 1994
142. 막 쪄낸 찐빵 | 이만재 | 두란노 | 1990
143. 만화의 역사 | 김한영 옮김 | 줄논 그림밭 | 2002

173

1908

569. Daniel Rops, Henry | The Catholic Reformation | New York | 1955

570. Devies, Horton | The English Free Churches | Dxford University Press | 1952

571. Davis R. H. C. A | History of Medieval Europ | London | 1957

572. Deansley, Margaret | A History of the Medieval Church | 590-1500, London | 1569

573. Detzler, Wayne A | The Changing Church in Europ | Grand Rapids | 1979

574. Donald Murray M | The Craft of Revision | New York | 1916

575. Dukett, E | S | Latin Writers of the Fifth Century, New York | 1930

576. Edwards, Maldwyn, John Wesley and the Eighteenth Century, London | 1955

577. Edited by Herbert Apthker | Markism and Christianity | New York | 1968

578. Edited by James Cochrane | American Short Stories, New York | 1969

579. Ells H | Martin Bucer | New Heaven | 1931

580. Eve Thomas Behind | That Dera Lies Your Fortune | New York | 1974

581. Ferm, Vergilius | Clasics of Protestantism, New York | 1959

582. Franwen, August | A History of the Church, New York | 1969

583. Frazier E | Fraklin | The Negro Church in America | New York | 1963

584. Fremantle, Anne | Age of Faith | New York | 1968

585. Gascoine, Bamber | The Christians | New York | 1977

586. Gaustod, Edwin Scott | The Awakening, In New England | New York 1957

587. Grant, Robert M | Augustns to Constantine | New York | 1970

588. Grant M | History of Rome | London | 1979

589. Hansel, Robert R | The Life of Saint Augustine | New York | 1969

590. Handy, Robert T | Christian America | New York | 1971

591. Harris Gaypord W | Great Chepression | New York | 1959

592. Haskins, Charles Homer | The Rise of the Universities 9 the Century | New York | 1957

593. Hilan H | Borows | The Big World | Chicago | 1946

594. Howes, Ernct Marshall | Saints in Polities | London | 1960

595. Hudson, Winthrop S | American Protestantism | Chicago | 1961

596. Joseph Conrad | The SecretAgent | Panguin Books | 1994

597. Joseph La Palumboera Bortram m | g | Gross | Italy, The Polties of Planning | London | 1966

598. Kelly, J. N. D | Early Christian Church Creeds | New York | 1972

599. Kelly, J. N. D | Ealy Christian Doctrine | New York | 1978

600. Lootowstle, Kenneth Scott | A History of Christianity | New York, 562 | Lootowstle, Kenneth Scott | The Christian Outlook | New York | 1948

601. Martin, Raiph P | Worship in the Early Church | Grand Raphts | 1964

602. Marrou, H | I | History of Education in Antiquity, New York | 1956

603. Meneill, John | Modern Christian Movements | New York | 1957

604. Knock A | D | The Christian Society | New York | 1952

605. Knock A | D | Twentieth Century, Gardon City | New York | 1963

606. Kwang Jo Chu | More than Conquerors J. C. R | 2009

607. Ogillvie, R. M | The Roman's and Their God | London | 1969

608. O'Meara, John J | The Young Augustine, Staten Island | New York | 1965

609. Pan Marris | Literature and Feminism | Oxford | 1893

610. Paul Tillich | Systematic Theology | Chicago | 1951

611. Perry Anderson | The Origins of Postmedernity | New York | 1998

612. Plower, Josuah | The Word of Crucaders | New York | 1972

613. Pudne | John Wesley and His World | New York | 1978

614. Richard Spears | Eecential American Idiams | Chicago | 1975

615. Raymond Murray | I Majest in the Dark | Newziland | 1996

616. Rusch, W | G | The Later Latin Fathers | London | 1977

617. Sigmund Frend | The Internationalism of Dream | 1950

618. Small Wood, E | M | The Jews under Roman Rule | London, 1976

619. Spinka, Matthew, ad | Adverts of Reform | Philadelphia | 1953

620. Tom Purdon 500 A | Adventures | New York | 1956

621. Troeltch, Ernest | Protestantism and Progress | Boston | 1912

622. Ullmann, W | The Origins of the Grea Schism | London | 1949

623. Van Tessel and Hall | Science and Society in the U. S. A | 1956

624. Waddell, Helen, The Desert Fathers | London, 1936

625. Walton, R | C | Zwingi's Theocracy | Toronto, 1967

626. Wells and Taylor | Tge Complete Works, Oxford, 1988

627. Wenger, John Christian | Even unto Death | Richmond, 1946

628. Westin, Ganner | The Free Church Through the Ages | Nahehiville | 1958

629. Won Tak Hong | International Trade | Seoul University | 1996

630. Young, F | From Necaea to Chalceton | London and Philadelphia | 1983

631. Zimmerman, Odo John, Trans | Saint Gregory the great: Dealogues | New Yoek | 1959

참고 문헌을 다 적기란 참으로 어려운 일이기에 여기에서 끝내려 한다.

"Then God saw everything that He had made and indeed it was very good. So the evening and the morning were the sixth day." (Genisis 1:31)